Eficiencia energética y efecto rebote
Conceptos, métodos y políticas

Jaume Freire González

2

Fundació Ent

Primera edición: julio de 2016
ISBN 978-1-326-59392-6

Citación recomendada:
Freire-González, J. (2016). *Eficiencia energética y efecto rebote. Conceptos, métodos y políticas.* Colección DOCS Núm. 2. Vilanova i la Geltrú: Fundació ENT.

Con el apoyo del Comissionat per a Universitats i Recerca del Departament d'Innovació, Universitats i Empresa de la Generalitat de Catalunya y de ENT Environment and Management

Colección DOCS

Edición
Fundació ENT
C/ Sant Joan, 39, primer piso
08800 Vilanova i la Geltrú
info@ent.cat
www.ent.cat

Cubiertas y maquetación
Raimon Ràfols Florenciano

 Esta obra y sus partes tienen licencia Creative Commons (www.creativescommons.org). Se puede compartir (copiar, distribuir, transmitir) y adaptar bajo las siguientes condiciones: se deben reconocer los créditos de la obra de la manera especificada por el autor o titular de los derechos, pero no de una manera que sugiera que da o recibe apoyo por el uso que de ella se haga. No se permite un uso comercial de la obra original ni la generación de obras derivadas.

Índice

1. **Introducción** — 9
   - 1.1. CONTEXTUALIZACIÓN — 10
     - 1.1.1. *Las políticas de eficiencia energética y el efecto rebote* — *10*
     - 1.1.2. *Inicios y desarrollo del marco teórico del efecto rebote* — *11*
     - 1.1.3. *Tipos de efecto rebote* — *13*
     - 1.1.4. *Metodologías de estimación del efecto rebote* — *15*
   - 1.2. ORGANIZACIÓN DEL LIBRO — 17
2. **La Literatura Empírica Sobre el Efecto Rebote Directo** — 18
   - 2.1. CUESTIONES PRELIMINARES SOBRE EL EFECTO REBOTE DIRECTO — 19
   - 2.2. REVISIÓN DE LA LITERATURA EMPÍRICA — 22
     - 2.2.1. *Transporte privado en vehículos* — *25*
     - 2.2.2. *Calefacción doméstica* — *27*
     - 2.2.3. *Refrigeración doméstica para climatización* — *29*
     - 2.2.4. *Iluminación doméstica y no doméstica* — *30*
     - 2.2.5. *Otros usos domésticos* — *32*
3. **Aspectos teóricos y metodológicos del efecto rebote directo** — 34
   - 3.1. LA DEMANDA DE SERVICIOS ENERGÉTICOS — 35
   - 3.2. EL EFECTO REBOTE DIRECTO COMO UNA ELASTICIDAD EFICIENCIA DE LA ENERGÍA — 38
   - 3.3. EL EFECTO REBOTE DIRECTO COMO UNA ELASTICIDAD PRECIO — 42
     - 3.3.1. *Definiciones del efecto rebote directo a partir de las elasticidades precio* — *43*

    3.3.2. Características de la elasticidad precio de la demanda de energía   *47*

    3.3.3. Principales problemas de las estimaciones del efecto rebote con elasticidades precio de la demanda   *49*

    3.3.4. La mejor aproximación para determinar la magnitud del efecto rebote directo de un servicio energético   *9*

4. La literatura empírica sobre el efecto rebote indirecto   **55**

    4.1. CUESTIONES PRELIMINARES SOBRE EL EFECTO REBOTE INDIRECTO   56

    4.1.1. Contenido energético: consumo indirecto de energía de las medidas de mejora de eficiencia energética   *58*

    4.1.2. Efectos secundarios: el consumo indirecto de energía por cambios en los patrones de consumo   *60*

    4.2. REVISIÓN DE LA LITERATURA EMPÍRICA   61

    4.2.1. Efectos sobre toda la economía: economy-wide effects   *61*

    4.2.2. Efectos indirectos: contenido energético de las medidas y efectos secundarios   *63*

    4.2.3. El análisis Input-output de la energía   *65*

5. Aspectos teóricos y metodológicos para la estimación del efecto rebote indirecto   **70**

    5.1. MODELIZACIÓN INPUT-OUTPUT DE LA ENERGÍA   72

    5.1.1. El método Input-output para el análisis de las relaciones intersectoriales   *72*

    5.1.2. El análisis Input-output de la energía y la determinación de los sectores clave en el consumo de energía   *78*

    5.2. MODELIZACIÓN *RE-SPENDING*   84

    5.2.1. Efectos de las mejoras de eficiencia sobre los patrones de consumo final de los hogares y métodos de estimación   *84*

		5.2.2. Modificación exógena en los patrones de consumo en los hogares	87

      5.2.3. Modificación en los patrones de consumo en los hogares inducida por una mejora de la eficiencia energética   *91*

6. El efecto rebote y las políticas de eficiencia energética   94

   6.1. Introducción   95

   6.2. Políticas de control del efecto rebote en los hogares   97

      6.2.1. Sensibilización, información y comportamiento del consumidor   *99*

      6.2.2. Instrumentos normativos   *101*

      6.2.3. Instrumentos económicos   *102*

   6.3. Los instrumentos económicos de control del efecto rebote   103

      6.3.1. Fiscalidad para contrarrestar el efecto rebote directo   *103*

      6.3.2. Consideraciones sobre fiscalidad para contrarrestar el efecto rebote indirecto   *105*

      6.3.3. El efecto re-spending del gasto público   *106*

7. Referencias bibliográficas   108

Índice de tablas

Tabla 1. Estimaciones del efecto rebote directo por uso final
del sector doméstico en EEUU — 24

Tabla 2. Estudios empíricos del efecto rebote directo para el
transporte privado — 26

Tabla 3. Estudios empíricos sobre el efecto rebote directo de
la calefacción doméstica — 28

Tabla 4. Cambios en el precio, la eficiencia y el consumo de la
iluminación doméstica, 1800-2000 — 30

Tabla 5. Resumen de las definiciones del efecto rebote directo
a partir de la estimación de elasticidades — 54

Tabla 6. Algunos estudios de estimaciones del efecto rebote sobre
toda la economía a partir de modelización de equilibrio general
computable y principales resultados — 62

Tabla 7. Algunos estudios empíricos utilizando análisis
Input-output de la energía y cuestión analizada. — 68

Tabla 8. Clasificación de los sectores económicos según su importancia en
el consumo de energía, atendiendo a los coeficientes de Rasmussen — 83

Índice de gráficos

Gráfico 1. Clasificación de los efectos rebote — 15

Gráfico 2. Cambios en la energía y en la intensidad de la luz
en el alumbrado público del Reino Unido, 1920-1995 — 31

Gráfico 3. La sustitución de energía por capital y el impacto
en el consumo de energía asociado — 59

Capítulo 1
Introducción

1.1 Contextualización

1.1.1. Las políticas de eficiencia energética y el efecto rebote

Las políticas de mejora de la eficiencia energética tienen una especial relevancia dentro de las políticas medioambientales, tanto para reducir el consumo de energía como para paliar las emisiones de carbono, mitigando los efectos del cambio climático (IPCC, 2007). Este tipo de medidas han sido impulsadas tanto por los mercados como por los poderes públicos, y son consideradas una prioridad en la consecución de determinados objetivos medioambientales y geoestratégicos. Es comúnmente aceptado que una medida que mejora la eficiencia energética provoca una reducción del consumo energético y, en última instancia, de las emisiones de contaminantes. Sin embargo, esta reducción del consumo energético que se produce en primer término, tal como un simple cálculo de ingeniería contemplaría, no tiene en cuenta otros factores que se desencadenan en el medio y el largo plazo, y que pueden hacer que la medida de mejora de eficiencia no se traduzca en los resultados esperados. Las reducciones potenciales de consumo de energía, y las emisiones resultantes, pueden verse mermadas por lo que se conoce como "efecto rebote".

Efecto rebote es el término utilizado para describir los mecanismos que unos menores costes de los "servicios energéticos" –por una mejora de la eficiencia–, provocan sobre el comportamiento de los consumidores, ya sea de manera individual o a nivel agregado. El efecto se puede traducir en más tiempo de utilización del servicio energético, más consumidores utilizándolo o en una mayor calidad del mismo. Esto hace que la reducción inicial prevista de consumo de energía se vea en parte o totalmente compensada. En determinados casos el consumo de energía puede incluso incrementarse.

La existencia del efecto rebote es ampliamente aceptada por los economistas que tratan temas de energía. La principal controversia estriba en la identificación de las fuentes que lo provocan y, sobre todo, en su alcance real (Greening *et al.*, 2000). Este aspecto (el de la magnitud) resulta de vital importancia, ya que la mayor parte de políticas de mejora de la eficiencia se basan en la premisa de que su mejora lleva a un consumo energético total menor. Esta premisa resultaría cierta si la magnitud del efecto rebote fuera menor del 100%, es decir, que las mejoras de eficiencia conduzcan a un menor consumo de energía. En el caso que el efecto rebote fuera mayor del 100%, el consumo energético final resultaría mayor que el inicial, haciendo que la política de mejora de la eficiencia sea contraproducente. Cuando el efecto es mayor del 100%, el efecto rebote se denomina "*backfire*", produciéndose la denominada paradoja de Jevons (Jevons, 1865), o el postulado de Khazzoom-Brookes (Saunders, 1992).

Un aspecto clave para determinar la magnitud del efecto rebote es como se define, ya que en función de ello el efecto puede ser insignificante, como argumentan diversos autores defendiendo que la energía representa una pequeña proporción de los costes totales los servicios energéticos (Lovins *et al.*, 1988; Lovins, 1998; Schipper y Grubb, 2000), o resultar en un incremento importante en el uso del recurso (Herring, 2006; Grubb *et al.*, 1995 y Brookes, 1990, 1992, 1993 y 2000). Consecuentemente, el conocimiento de las causas y de su tamaño resulta particularmente relevante para diseñar e implementar un conjunto efectivo de políticas de reducción del consumo de recursos y, en el caso de la energía, de las emisiones de gases de efecto invernadero.

1.1.2. Inicios y desarrollo del marco teórico del efecto rebote

El debate entre economistas sobre los efectos de la eficiencia en el uso de un recurso sobre el consumo del mismo es largo. Muchos economistas reconocen el trabajo de uno de los fundadores de la economía de la energía: William Stanley Jevons (1835-1882) quien, en su trabajo clásico "*The Coal Question*", publicado por primera vez en el Reino Unido en 1865, argumentó que había una confusión de ideas por suponer que el uso racional de los combustibles llevaba a un consumo menor. Él afirmaba que lo que sucedía en realidad era todo lo contrario.

Jevons ponía el ejemplo de cómo la reducción del consumo de carbón por tonelada de hierro a menos de un tercio, fue seguido, en Escocia, por un incremento total de unas diez veces del consumo de carbón entre 1830 y 1863, además del efecto indirecto del hierro barato en acelerar el crecimiento de otras ramas de la industria consumidoras de carbón. Así, Jevons puso los cimientos de la idea de que el efecto rebote, en los mercados energéticos, resultaba mayor del 100%.

La crisis energética producida durante los años 70 del siglo XX hizo que las cuestiones referidas al consumo y a la eficiencia energética volvieran a coger fuerza. En ese contexto, las reivindicaciones de que incrementar la eficiencia energética conduciría a un consumo nacional menor volvieron a ser cuestionadas por Brookes (1979). Brookes criticó un estudio de Leach *et al.* (1979), donde se estimaban los ahorros energéticos en el Reino Unido, por errores en la consideración de factores macroeconómicos.

Posteriormente, a principios de los años 80, Khazzoom (1980) realizó una crítica similar de un trabajo de Lovins (1977). Las críticas de Brookes y Khazzoom fueron bautizadas como el Postulado de Khazzoom-Brookes (KB) por Saunders (1992). El término "efecto rebote" fue utilizado por primera vez por Daniel Khazzoom, al incremento directo de la demanda de un servicio energético, el suministro del cual se había incrementado como consecuencia de mejoras en la eficiencia técnica en el uso de energía (Khazzoom, 1980, 1982, 1987, 1989; Khazzoom y Miller, 1982). De manera casi simultánea, Len Brookes definía el efecto rebote en términos generales, incluyendo los efectos sobre toda la economía (*economy-wide effects*) (Brookes, 1978).

El debate se hizo más intenso a principios de los 90, alimentado por la creciente preocupación por el calentamiento global y el debate político del rol de la eficiencia energética. En gran parte, este fue canalizado a través de las revistas científicas *Energy Policy* y *Energy Journal*, pero también difundido por las páginas del *New York Times* a finales de 1994 y por la revista científica del Reino Unido *New Scientist* en 1998. Todo este debate culminó en dos números especiales de dos revistas en el año 2000, dedicadas a diferentes aspectos del efecto rebote: por un lado la revista *Energy Policy*, editada por Lee Schipper, y por otra, la revista *Energy and Environment*, editada por Horace Herring, en las que contribuyeron muchos de los protagonistas de este debate.

En este contexto, y una vez asumida la existencia del efecto rebote, aparecieron dos posiciones enfrentadas respecto de la cuantificación de la magnitud del efecto rebote. Estas se pueden resumir del siguiente modo:

- Por un lado, aquellos que piensan que el consumo posterior de energía es mayor que si no hubiera habido mejora de eficiencia, es decir, que se produce *backfire* (posición inicialmente mantenida por Len Brookes, y

- bajo determinadas circunstancias por Harry Saunders) (Brookes, 1978; Saunders, 1992).
- Por otra parte, aquellos que defienden que el consumo de energía es menor que si no hubiera habido mejora de eficiencia (posición mantenida por Lee Schipper y otros autores) (Schipper y Grubb, 2000).

Cada postura defendió sus afirmaciones con una combinación de argumentos teóricos y análisis empíricos basados principalmente en la evaluación de datos históricos del consumo de energía. Del mismo modo que sucede con otras cuestiones empíricas en ciencia social, un problema clave para resolver la confrontación entre las dos posturas es que no es posible llevar a cabo un experimento "controlado" que muestre si el uso de energía es mayor o menor que si no hubiera habido mejoras de eficiencia. Esto se debe a que en las economías del mundo real, la relación entre un cambio en la productividad energética y el subsiguiente cambio en el consumo energético se produce a través de una gran cantidad de variables confusas y a menudo inobservables. Estas variables pueden incluir desde aspectos sociales, políticos, ambientales, antropológicos o psicológicos.

1.1.3. Tipos de efecto rebote

Se pueden identificar en la literatura, como mínimo, tres tipos de efecto rebote que engloban dos visiones, la microeconómica y la macroeconómica (Greening *et al.*, 2000; Dimitropoulos y Sorrell, 2006; Sorrell, 2007, Chakravarty *et al.*, 2013):

1. Efecto rebote directo: cuando la mejora de la eficiencia energética para un servicio energético particular hace reducir el coste efectivo de este servicio, lo que llevará posteriormente a un incremento en su consumo.

En relación a les consumidores, el efecto rebote directo se puede descomponer en:

- Efecto sustitución: a partir de sustituir el consumo de bienes y servicios por el consumo (más barato) del servicio energético que ha sido objeto de una mejora de eficiencia, manteniendo constante el nivel de

satisfacción del consumidor.
- Efecto renta: el incremento producido en la renta real alcanzado por la mejora de la eficiencia permite alcanzar un mayor nivel de "utilidad" para un mayor consumo de todos los bienes y servicios, incluyendo el propio servicio energético.

Del mismo modo, para los productores se puede descomponer en:

- Efecto sustitución: a partir de sustituir el uso de capital, trabajo y materias primas por el servicio energético más barato, manteniendo un nivel constante de output.
- Efecto output: los ahorros de costes producidos por la mejora de eficiencia permiten producir un mayor nivel de output, lo que incrementa el consumo de todos los inputs, incluyendo el servicio energético.

2. Efecto rebote indirecto: el menor coste efectivo del servicio energético puede comportar cambios en las demandas de otros bienes, servicios y factores productivos que también requieren energía para su provisión.

El efecto rebote indirecto puede al mismo tiempo descomponerse en:

- Contenido energético (*embodied energy*): es el consumo energético indirecto necesario para conseguir la mejora de eficiencia, como por ejemplo, la energía requerida para producir e instalar un aislamiento térmico.
- Efectos secundarios: es la energía asociada al incremento del consumo de otros bienes y servicios como consecuencia de la mejora de eficiencia. Parte de este libro se centra en desarrollos metodológicos de esta tipología de efecto rebote indirecto.

3. Efectos sobre toda la economía (*economy wide effects*): una caída del precio efectivo de un servicio energético reduce el precio de los bienes intermedios y finales a lo largo de toda la economía, llevando a una serie de ajustes en precios y cantidades, con los sectores intensivos en el uso de energía como más beneficiados a expensas de los sectores menos intensivos en su uso. Las mejoras también reducirían los precios de la energía, impulsando el crecimiento económico, lo que incrementaría de nuevo el consumo energético.

El Gráfico 1 muestra la clasificación de los diferentes tipos de efectos rebote (suponiendo la no existencia de *backfire*, es decir, considerando que sí se alcanzarían ahorros energéticos).

Gráfico 1. Clasificación de los efectos rebote

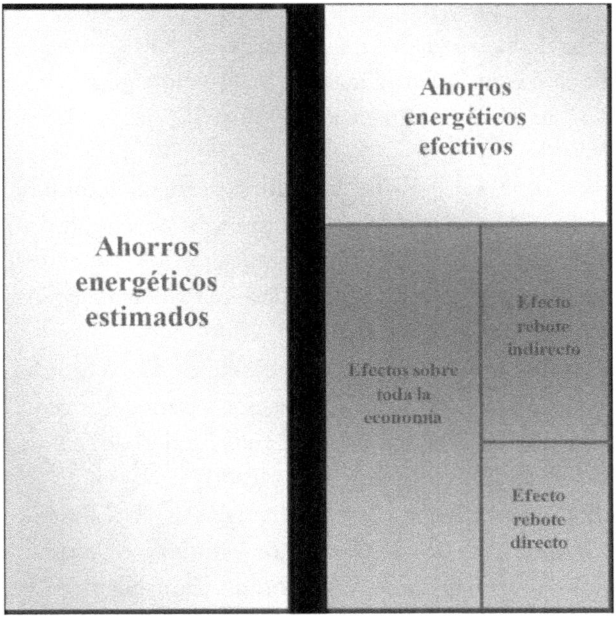

[Diagrama con los siguientes elementos: Ahorros energéticos estimados; Ahorros energéticos efectivos; Efectos sobre toda la economía; Efecto rebote indirecto; Efecto rebote directo.]

Fuente: elaboración propia a partir de Sorrell (2007).

El efecto rebote directo sólo se centra en el análisis de los efectos sobre un servicio energético (visión microeconómica), mientras que, tanto el efecto rebote indirecto, como los efectos sobre toda la economía, evalúan los efectos de una mejora de la eficiencia energética desde una perspectiva macroeconómica.

1.1.4. Metodologías de estimación del efecto rebote

La literatura empírica sobre el efecto rebote se puede resumir en seis tipologías básicas de estudios:

1. Estudios de evaluación: Consisten en la realización de evaluaciones a nivel microeconómico del impacto de mejoras específicas de eficiencia energética sobre la demanda de energía o de servicios energéticos (Hartman, 1988; Train, 1994; Frondel y Schmidt, 2005; Sanders y Philipson, 2006).
2. Estudios de modelado econométrico: Se realizan a partir de la utilización de fuentes de datos secundarios para realizar estimaciones de elasticidades de la demanda de energía o de servicios energéticos específicos a diversos niveles de agregación (Khazzoom, 1980; Berkhout *et al.*, 2000; Binswanger, 2001; Greene *et al.*, 1999a).
3. Estudios de elasticidades de sustitución: Consisten en la realización de estimaciones de la elasticidad de sustitución entre energía y capital a diversos niveles de agregación (Miller, 1986; Stern, 2004; Frondel, 2004).
4. Estudios de Modelado de Equilibrio General Computable (MEGC): desarrollo de modelos macroeconómicos de equilibrio general. Estos modelos permiten realizar una simulación de impactos contemplando los efectos sobre toda la economía (*economy-wide effects*) (Lenz, 1998; Allan *et al.*, 2006; Barker y Foxon, 2006).
5. Estudios de modelado macroeconométrico: Estos estudios son similares a los anteriores, pero con la utilización de modelos econométricos para la estimación de determinados parámetros del modelo macroeconómico (Barker *et al.*, 2007; Junankar *et al.*, 2007).
6. Estudios de energía, productividad y crecimiento económico: Corresponden a un conjunto de estudios empíricos que incluyen estudios sobre historia económica (Fourquet y Pearson, 2006; Richmond y Kaufmann, 2006), teoría de producción neoclásica (Saunders, 2007), economía ecológica (Stern, 2000), análisis de descomposición (Schipper y Grubb, 2000) y análisis Input-output (Sartori y Hestnes, 2007).

Las dos primeras tipologías de estudios proporcionan evidencia sobre el efecto rebote directo, mientras que los cuatro últimos corresponden a evidencia sobre el efecto rebote indirecto y sobre toda la economía (*economy-wide effects*). Son los últimos, los que constatan más evidencia sobre la existencia de "*backfire*" (Sorrell, 2007).

1.2 Organización del libro

El libro se estructura del siguiente modo: en el capítulo 2, tras la consideración de una serie de cuestiones preliminares sobre el efecto rebote directo, se realiza una revisión de la literatura empírica sobre el efecto rebote directo que contextualiza el estado de la cuestión, haciendo un repaso de los principales trabajos empíricos en el ámbito del transporte privado, la calefacción y la refrigeración, la iluminación y otros usos domésticos. El capítulo 3 está dedicado a los principales desarrollos teóricos, definiciones y aproximaciones para la obtención del efecto rebote directo así como a los aspectos metodológicos a tener en cuenta para la realización de las estimaciones econométricas sobre el mismo. En el capítulo 4 se realiza una revisión de la literatura empírica sobre el efecto rebote indirecto, con una introducción a las cuestiones preliminares que hay que tener en cuenta para su estimación. El capítulo 5 está dedicado a los aspectos más teóricos y metodológicos del efecto rebote indirecto. Finalmente, el capítulo 6 aborda una discusión sobre los principales instrumentos existentes para controlar y mitigar el efecto rebote. Esta se centra en los diferentes instrumentos económicos desde un punto de vista teórico, haciendo especial hincapié en los instrumentos de carácter fiscal.

Capítulo 2
La literatura empírica sobre el efecto rebote directo

En este capítulo se define y contextualiza el efecto rebote directo, analizando algunas cuestiones preliminares que hay que tener en cuenta cuando se realizan análisis específicos. Posteriormente se realiza una exhaustiva revisión de la literatura empírica sobre el mismo centrada en los diferentes servicios energéticos que hay en los hogares.

2.1 Cuestiones preliminares sobre el efecto rebote directo

El efecto rebote directo –a diferencia del efecto rebote indirecto y de los efectos sobre toda la economía–, representa el incremento en el consumo de un servicio energético concreto tras una mejora de la eficiencia energética en la provisión de ese mismo servicio energético. Es decir, no se consideran otros aspectos como efectos colaterales sobre otros consumos o servicios energéticos. La gran variedad de definiciones utilizadas en la literatura económica sobre el mismo han sido resumidas y analizadas por autores como Berkhout et al. (2000), Dimitropoulos y Sorrell (2006) y Sorrell (2007), entre otros.

La divergencia de opiniones mencionada en el apartado introductorio sobre la magnitud de un hecho empírico como es el efecto rebote, es básicamente debida a los tres factores citados a continuación (Sorrell, 2007):

1. Los diversos autores utilizan diferentes definiciones de efecto rebote, con diferentes definiciones sobre las cuestiones asociadas, como los límites relevantes del sistema. No es lo mismo analizar el efecto rebote acotando los efectos a un ámbito concreto que analizando cómo se difunde hacia todo el sistema socioeconómico, etc.
2. La evidencia empírica del efecto rebote es todavía suficientemente escasa, ambigua y inconclusa como para estar abierta a una amplia variedad de interpretaciones.
3. Los supuestos fundamentales sobre cómo opera la economía están en discusión. Estos pueden afectar de manera sustancial a las estimaciones que se realizan sobre el efecto rebote y a su interpretación.

La evidencia empírica sobre el efecto rebote directo es incompleta, principalmente focalizada en un limitado número de servicios energéticos como el transporte privado y la calefacción de los hogares (estos son los dos ámbitos donde se encuentra más evidencia empírica). Esta también se encuentra principalmente centrada en estudios realizados para Estados Unidos y el Reino Unido. Aunque hay estudios concretos para otros países, existe una clara falta de estudios para otras realidades geográficas, especialmente para países menos industrializados, donde el diferente grado de desarrollo económico en el que se encuentran inmersos podría producir una variación significativa de su magnitud en las estimaciones. A pesar de que algún estudio apunta hacia aquí (Roy, 2000), la falta de evidencia empírica no permite ser concluyentes.

Como se ha indicado en el capítulo introductorio, los trabajos empíricos existentes sobre el efecto rebote directo provienen de los estudios de evaluación y de las estimaciones econométricas a partir de fuentes secundarias de datos. A continuación se consideran los principales aspectos clave que afectan a las estimaciones econométricas y la magnitud del efecto rebote directo para un servicio energético identificados por Sorrell (2007):

- Identificación y medida de la variable endógena: El origen del efecto rebote es un incremento del consumo de un servicio energético como consecuencia de una mejora de la eficiencia, pero la medida de un servicio energético es difícil obtener. Por ejemplo, en el caso de la calefacción y refrigeración de los hogares, una medida adecuada de servicio energético sería el "confort térmico", pero ésta depende de un rango de variables, que no son medibles en su totalidad. Una aproximación útil es medir el consumo de energía utilizada para obtener el servicio energético, pero en este caso también es necesario disponer de datos del consumo energético utilizado sólo para el servicio energético analizado, separado del resto de usos.

- Identificación y medición de las variables exógenas: Aunque la variable dependiente sea medible, puede suceder que no existan datos del resto de variables que le afectan, especialmente datos sobre eficiencia energética. Una alternativa utilizada, como se verá en posteriores capítulos, es la de utilizar el precio de la energía o del servicio energético. "La ecuación de Khazzoom" (Khazzoom, 1980) proporciona un marco para la estimación del efecto rebote a partir de la elasticidad precio de la demanda de un servicio energético, pero como se verá, los supuestos implícitos que conlleva pueden llevar a la sobreestimación del efecto rebote. También se tiene que disponer de otras variables, como la renta, las condiciones climáticas, etc. que afectan al consumo de energía y que también deben incorporarse como variables de control en las estimaciones econométricas.

- Atributos del servicio energético: Puede suceder que una mejora de la eficiencia energética para un servicio energético particular no provoque una reducción de su coste, pero que de manera indirecta, produzca una mejora de sus atributos. Por ejemplo, en el caso de los vehículos privados, la mejora de eficiencia puede llevar a producir vehículos más potentes, más grandes, más confortables, con mejores características, utilizando la misma cantidad de energía para recorrer los mismos kilómetros. La mejora de los atributos de un servicio energético reduciría la magnitud del efecto rebote en las estimaciones si no se tienen en consideración.

- Consumidores marginales: Dado que una parte importante del efecto rebote viene dada por aquellos "consumidores marginales", que anteriormente no podían acceder al servicio energético y que por la mejora de eficiencia producida, y la consiguiente reducción del coste, ahora sí pueden, la gran cantidad de "consumidores marginales" en los países en desarrollo hace que, por esta vía, los potenciales rebotes en aquellos contextos sean mayores (Wirl, 1997).

- Efecto "saciación": los niveles de renta son importantes cuando se determina la magnitud del efecto rebote, haciendo que los rebotes son mayores en países económicamente menos desarrollados. El efecto "saciación" de un servicio energético se produce cuando el aumento del consumo energético por parte del consumidor es cada vez menor debido a que éste se encuentra cerca de saciar su necesidad. Este hecho se puede ver claramente en el consumo de refrigeración o calefacción. El consumo de energía para refrigeración aumentará considerablemente al principio, pero no lo hará tanto a medida que la temperatura del hogar del consumidor se acerque a su nivel máximo de confort térmico (Boardman y Milne, 2000; Cruijpers, 1995, 1996). Dado que para la mayoría de servicios energéticos, los países en desarrollo se encuentran más alejados de saciar sus necesidades, el efecto rebote resultaría de mayor magnitud (Roy, 2000). Dentro de los países más industrializados, en aquellos hogares con rentas más bajas, también se produciría un efecto rebote más elevado debido a que están más alejados de su saciación (Hong *et al.*, 2006).

- Efectos de una mejora de la eficiencia sobre el resto de costes del servicio energético: El efecto rebote será menor si las nuevas tecnologías más eficientes, que proveen el servicio energético, son más caras que las alternativas menos eficientes, ya que por esta vía se compensaría la reducción del coste del servicio energético que supone la mejora de eficiencia y viceversa. En la práctica, muchos equipamientos presentan al mismo tiempo mayor eficiencia y menor coste, en relación a los niveles de renta a lo largo del tiempo (Sorrell, 2007).

- Irreversibilidad de las mejoras de eficiencia: las elasticidades precio de la energía no son simétricas a lo largo del tiempo y tienden a ser mayores en periodos donde se producen incrementos de los precios de la energía, que en otros donde los precios decrecen (Kouris, 1982; Gately, 1992, 1993; Dargay, 1992; Dargay y Gately, 1994, 1995; Haas y Schipper, 1998; Berkhout *et al.*, 2000). La explicación primaria de este hecho es por la irreversibilidad de las inversiones en tecnologías más eficientes (Walker y Wirl, 1993). Cuando los precios se incrementan, consumidores y productores invierten en equipamientos más eficientes. Estas inversiones tienden a mantenerse cuando los precios decrecen. Como resultado, las estimaciones basadas en elasticidades precio variarán en función de la evolución de los precios del período analizado (Haas y Schipper, 1998).

2.2 Revisión de la literatura empírica

En términos generales, la mayor parte de literatura sobre estimaciones econométricas del efecto rebote directo para determinados servicios energéticos –ya sea por la importancia que tienen, como por la disponibilidad de datos–, se ha generado en los siguientes ámbitos: alumbrado público, transporte privado, calefacción, refrigeración y en menor medida otros usos domésticos como iluminación, calefacción de agua, etc. También hay estudios empíricos del efecto rebote directo en el ámbito industrial o comercial (Nadel, 1993; Eto *et al.*, 1994, 1995), pero todavía son más limitados. Grepperud y Rasmussen (2004) afirman que la extensión del efecto rebote directo en la industria depende de las posibilidades de sustitución de los inputs: resulta mayor en industrias, como las siderúrgicas, con posibilidades de sustitución limitadas, que en industrias como las de los productos químicos y minerales con mayores oportunidades de ajustar los inputs productivos.

Para los usos domésticos, los principales esfuerzos destinados a realizar estimaciones econométricas del efecto rebote han sido en relación a las mejoras de eficiencia en los siguientes cuatro ámbitos:
1. Transporte privado en vehículos
2. Calefacción doméstica para climatización
3. Refrigeración doméstica para climatización
4. Iluminación doméstica y no doméstica

También se han hecho algunos estudios, aunque en menor número, para otros usos finales domésticos. El hecho de que haya menos evidencia se debe, en gran parte, a la dificultad en la obtención de datos sobre su consumo energético. Algunos de estos ámbitos son la calefacción de agua, el uso de aparatos electrónicos y algunos electrodomésticos individuales como neveras, lavadoras, etc.

Genéricamente, las variables clave que afectan al consumo de energía para usos domésticos incluyen, principalmente (Greening *et al.*, 2000):

- Niveles de renta
- Otras clasificaciones del gasto
- Factores demográficos de los hogares
- Coste del capital que utiliza la energía
- Coste de oportunidad del capital
- Otros costes
- Tamaño, localización y características constructivas de los hogares
- Eficiencia en el uso de la energía

A continuación, la Tabla 1 muestra un resumen de los principales resultados encontrados en los ámbitos mencionados en EEUU, realizado en la revisión de la literatura empírica del efecto rebote hecha por Greening *et al.* (2000).

Tabla 1. Estimaciones del efecto rebote directo por uso final del sector doméstico en EEUU

Uso final	Efecto rebote	Número de estudios revisados
Transporte vehículos	10-30%	22*
Calefacción	10-30%	26**
Refrigeración	0-50%	9***
Calefacción de agua	<10-40%	5***
Iluminación	5-12%	4***
Otros electrodomésticos	0%	2***

* Estudios realizados con un número tal de diferentes métodos que proveen unas buenas estimaciones.
** Estudios realizados con sólo un número moderado de diferentes métodos, por lo que muestran alguna variabilidad en las estimaciones.
*** Estudios realizados con tan sólo uno o dos métodos diferentes y son inconclusivos en los resultados.
Fuente: Greening *et al.* (2000).

Dentro de los estudios realizados sobre el efecto rebote directo en los hogares se observa una gran variabilidad en los resultados. Parte de esta variabilidad refleja la tecnología utilizada en la producción del servicio, la conciencia de los consumidores durante el consumo del mismo, los niveles de renta en el ámbito de estudio, etc. Hay, sin embargo, otra parte de esta variabilidad que se debe a los supuestos implícitos que se realizan en algunos estudios sobre el comportamiento de los consumidores, por ejemplo (Greening *et al.*, 2000):

- Consideración de los servicios energéticos como bien normal, ignorando los efectos de haber saciado una necesidad.
- Limitaciones temporales. El aumento de la demanda de determinados servicios energéticos va acompañada de un aumento del tiempo necesario para consumirlos. Esto hace que el consumidor tenga que sacrificar cada vez una mayor proporción de su tiempo en el consumo del servicio energético, lo que reduciría el efecto rebote (Dimitropoulos y Sorrell, 2006).
- Doble rol del consumidor como productor y consumidor de los servicios energéticos. Lo que significa que cada hogar tiene un precio implícito diferente para el mismo el servicio energético (Cuijpers, 1995, 1996). Los precios implícitos no sólo incluyen los precios de la energía, también

incluyen los costes de capital, es decir, los aparatos que proporcionan los servicios energéticos, y el trabajo de los hogares. También incluye diferencias en los estilos de vida.
- Muchos trabajos no han considerado la importancia de determinadas características técnicas de la demanda de los servicios energéticos. Por ejemplo, para la calefacción o la refrigeración son importantes factores como la localización y otras características del hogar que le permitan aprovechar energía solar.
- A menudo, por falta de datos, en función de las variables proxy utilizadas para su estimación, el efecto rebote puede estar infraestimado o sobrestimado.
- Problemas de especificación de los modelos construidos.

La no consideración de todos estos factores en los trabajos empíricos provoca estimaciones sesgadas de los parámetros. Especialmente cuando la elasticidad precio de la demanda del servicio energético resulta elástica (Einhorn, 1982; Schwartz y Taylor, 1995). Greening *et al.* (2000) indican que, como consecuencia de la falta de datos de consumo final o de las variables clave explicativas asociadas a este consumo final, muchas de las valoraciones del efecto rebote puede que estén sobreestimadas.

A continuación se muestra una recopilación de los principales estudios empíricos sobre el efecto rebote directo en los diversos ámbitos mencionados.

2.2.1. Transporte privado en vehículos

La mayor parte de la evidencia empírica sobre la magnitud del efecto rebote directo proviene de estudios sobre el transporte en EEUU, donde hay buenos datos estadísticos de kilómetros recorridos por vehículo y de consumo de gasolina. A continuación, la Tabla 2 muestra algunos estudios realizados de estimaciones en este ámbito.

Tabla 2. Estudios empíricos del efecto rebote directo para el transporte privado

Autores	País objeto de las estimaciones	Resultados de las estimaciones del efecto rebote
Blair et al. (1984)	EEUU (Florida)	21%
Leung y Vesenka (1987)	EEUU (Hawái)	25%
Mayo y Mathis (1988)	EEUU	A corto plazo del 22%, a largo plazo del 26%, pero sin significación estadística
Weinblatt (1989)	EEUU	Por debajo del 10%
Gately (1990)	EEUU	9%
Green (1992)	EEUU	Entre el 5% y el 19%
Jones (1993)	EEUU	A corto plazo del 13%, a largo plazo alrededor del 30%
Walker y Wirl (1993)	Alemania e Italia	Entre el 32% (Alemania) y el 51% (Italia)
Haughton y Sarkar (1996)	EEUU	A corto plazo entre el 9% y el 16%, a largo plazo alrededor del 22%
Green et al. (1998)	EEUU	A largo plazo alrededor del 20%
West (2004)	EEUU	87%
Small y Van Dender (2005)	EEUU	A corto plazo del 4,5%, a largo plazo alrededor del 22%
Frondel et al. (2007)	Alemania	A largo plazo entre el 56% y el 66%

Fuente: Elaboración propia a partir de Greening et al. (2000), Binswanger (2001) y Sorrell (2007).

Los resultados indican que el número de kilómetros viajados por vehículo incrementa (o rebota) entre el 9% y el 87%, como resultado de la mejora en la eficiencia en el uso de gasolina en vehículos. La gran variabilidad de resultados es básicamente debida a la variedad de métodos y datos utilizados en los diferentes estudios. La estimación en diferentes períodos y áreas geográficas también conduciría a resultados diferentes.

2.2.2. Calefacción doméstica

Este es uno de los ámbitos donde se han realizado más estudios empíricos del efecto rebote directo, junto con el del transporte privado. Esto es debido tanto a la disponibilidad de datos como a la importancia que tiene este servicio energético sobre el consumo global de energía en los hogares.

La calefacción es el ámbito más demandante de energía en los hogares en la mayoría de los países de la OCDE. Según el Departamento de Comercio e Industria del Reino Unido (*Department of Trade and Industry*, 2007), en 2005, la calefacción en los hogares del Reino Unido representaba el 60% del uso energético de los hogares. Sin embargo, en países más calurosos del sur de Europa, este porcentaje podría verse reducido y tomar más importancia el gasto energético por refrigeración.

La magnitud estimada del efecto rebote en los diferentes estudios existentes en esta área varía sustancialmente debido al ámbito, a la definición de la medida de la actividad y los métodos utilizados. Dado que la calefacción tiene características de bien público local, el confort térmico es una buena medida de esta actividad. Los determinantes del confort térmico incluyen (Greening *et al.*, 2000):

1. Actitudes personales hacia el confort térmico.
2. Niveles de actividad de los individuos.
3. Temperatura del aire.
4. Temperatura radiante media (intercambio de calor entre el cuerpo humano y la temperatura de alrededor).
5. Velocidad del aire o corriente.
6. Humedad.

Muchas de estas variables no suelen ser recogidas y, por lo tanto, difícilmente, el confort térmico puede ser evaluado (Isakson, 1983). El hecho de no poder controlar todos los factores que afectan la demanda de calefacción hace que de las estimaciones resulten unos parámetros sesgados (Quigley y Rubinfeld, 1989). Según Schwartz y Taylor (1995), estimaciones econométricas que incluyan estos factores producen estimaciones más bajas del efecto rebote.

A continuación, la Tabla 3 muestra algunos de los estudios que proveen evidencia sobre la existencia del efecto rebote asociada a la calefacción doméstica, así como los principales resultados obtenidos en las estimaciones.

Tabla 3. Estudios empíricos sobre el efecto rebote directo de la calefacción doméstica

Autores	País objeto de las estimaciones	Efecto rebote estimado
Khazzoom (1986)	EEUU (Sacramento)	65%
Dubin et al. (1986)	EEUU	Entre el 8% y el 13%.
Dinan (1987)	EEUU	Efecto rebote pequeño pero estadísticamente significativo
Hsueh y Gerner (1993)	EEUU	35% para electricidad y 58% para gas
Schwartz y Taylor (1995)	EEUU	A largo plazo entre el 1,4% y el 3,4%
Hirst (1987)	EEUU	Entre el 5% y el 25%
Nesbakken (2001)	Noruega	Entre el 15% y el 55% (media del 21%)
Guertin et al. (2003)	Canadá	A largo plazo del 29% al 47%

Fuente: Elaboración propia a partir de Greening et al. (2000), Binswanger (2001) y Sorrell (2007).

Greening et al. (2000), en la exhaustiva revisión de la literatura que realizaron, llegaron a la conclusión de que para una mejora en la eficiencia energética del combustible para calefacción en los hogares, el efecto rebote causado por los efectos sustitución y renta combinados se situaban entre el 10% y el 30% de los ahorros potenciales de energía. Lo que sugiere que cualquier mejora tecnológica que mejorara la eficiencia energética en este ámbito tendría una efectividad de entre el 70% y el 90% de la reducción esperada en el consumo energético para calefacción de manera directa. Las estimaciones de los estudios que aparecen en la Tabla 3 sitúan el efecto rebote para calefacción en los hogares entre el 1,4% del estudio de Schwartz y Taylor (1995) y el 65% del estudio de Khazzoom (1986). Del mismo modo que en el caso de los estudios realizados para el transporte privado, la gran variabilidad de resultados es debida a los diferentes ámbitos geográficos analizados, a la variedad de métodos y a los datos utilizados en los diferentes estudios. La estimación en diferentes periodos y contextos geográficos también conduciría a resultados diferentes.

2.2.3. Refrigeración doméstica para climatización

La refrigeración doméstica para climatización es uno de los casos menos estudiados en la literatura empírica sobre el efecto rebote directo. El consumo de energía para refrigeración es, en general, menor que el consumo para otros usos, pero ha experimentado un crecimiento importante durante la última década, especialmente en países más calurosos.

Para este servicio energético hay que considerar las mismas cuestiones que para la calefacción sobre la identificación y medida de esta actividad. Los determinantes del confort térmico también son los mismos, pero en este caso tienen más importancia los niveles de humedad. Dubin *et al.* (1986) indican que el efecto rebote potencial depende mucho de la capacidad utilizada del aire acondicionado, por lo que el efecto rebote será menor en meses donde el aparato está funcionando a plena capacidad.

Hausman (1979) y Dubin *et al.* (1986) proveyeron las mejores medidas del efecto rebote potencial en este ámbito, pero ambos estudios se realizaron para muestras pequeñas y durante periodos de precios crecientes de la energía. Ambos fueron hechos para los EEUU. El primero estimó un efecto rebote directo a corto plazo del 4% y a largo plazo del 26,5%, mientras que Dubin *et al.* (1986) estimaron un efecto rebote directo entre el 1 y el 26%. Según Greening *et al.* (2000), de estos dos estudios se puede estimar un efecto rebote total entre 0% y el 50%, afirmando que esta variación tan amplia se puede explicar por los factores que afectan a esta actividad, y como causa primaria, la capacidad de utilización, es decir, si el aparato está funcionando a plena capacidad, donde habrá poco margen a efectos rebote, o bien si no lo hace, donde habrá más margen.

2.2.4. Iluminación doméstica y no doméstica

La iluminación es otro de los ámbitos que ha tratado la literatura empírica sobre el efecto rebote directo. En este ámbito se encuentran estudios tanto de iluminación doméstica como de alumbrado público.

En el ámbito de la iluminación doméstica destaca un estudio hecho para el Reino Unido por Fouquet y Pearson (2006). En este mostraban la evolución de la demanda de energía para iluminación, así como el progreso de la tecnología de iluminación a lo largo de siete siglos, desde los candelabros medievales, pasando por las lámparas de aceite del siglo XVIII, las lámparas de gas del siglo XIX y finalmente las lámparas eléctricas del siglo XX. En el estudio se muestra cómo, cada vez que se introducía una nueva tecnológica, se mejoraba la eficiencia energética, pero al mismo tiempo, el consumo se incrementaba de manera espectacular. A pesar de que la iluminación eléctrica actual es unas 700 veces más eficiente que las lámparas de aceite del siglo XVIII, el consumo anual actual (medido en lúmenes-hora per cápita) es unas 6.500 veces mayor. La Tabla 4 muestra la evolución de ciertas variables relevantes de esta evolución durante los dos últimos siglos:

Tabla 4. Cambios en el precio, la eficiencia y el consumo de la iluminación doméstica, 1800-2000.

Año	Precio del combustible para iluminación (números índice)	Eficacia en la iluminación	Precio de la luz por lumen (números índice)	Consumo (lúmenes-hora per cápita)	PIB real por cápita
1800	100	100	100	100	100
1850	40	400	26,8	400	100
1900	26	700	4,2	8.600	300
1950	40	44.100	0,15	154.400	400
2000	18	71.400	0,03	664.100	1.500

Índice 1800 = 100.
Fuente: Fouquet y Pearson (2006).

En lo que respecta al alumbrado público, Herring (1999) realizó un estudio empírico para el Reino Unido para el periodo 1920-1995. La elección de este sector se debió a la existencia de buenas series estadísticas del consumo de electricidad, de la eficiencia de las lámparas y del kilometraje de las calles. Estas estadísticas mostraron un incremento de 30 veces el consumo de electricidad para el alumbrado público, 20 veces la eficiencia de las lámparas, pero menos del 50% en el kilometraje de las calles. Durante el mismo período, la intensidad energética, en términos de megavatio-hora por milla se incrementó unas 25 veces, con un aumento del 250% desde el 1960 (ver Gráfico 2).

Gráfico 2. Cambios en la energía y en la intensidad de la luz en el alumbrado público del Reino Unido, 1920-1995.

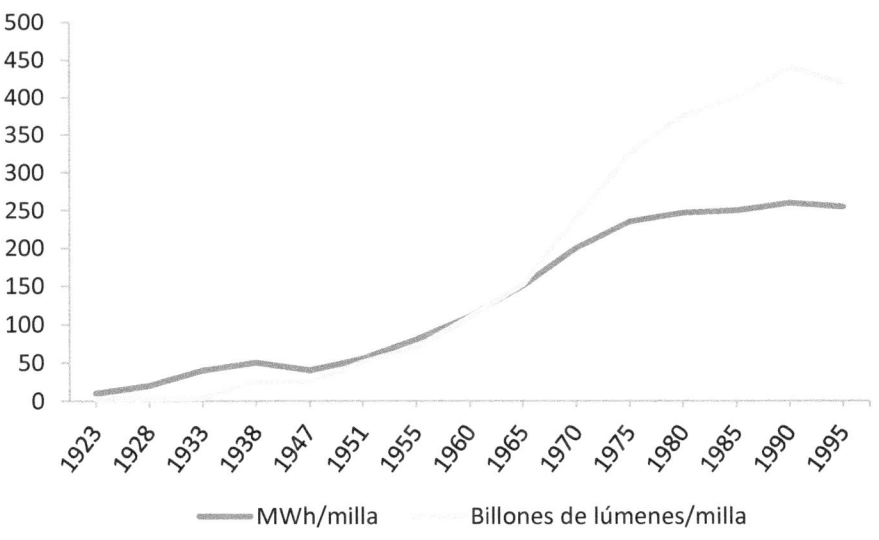

Fuente: Herring (1999).

La mayor parte del gran incremento en la eficiencia energética de las lámparas ha adoptado la forma de mayores niveles del servicio, tanto en un número mayor de kilómetros iluminados como en mayores intensidades de iluminación, y no en un menor consumo. Durante el período de mayor crecimiento del consumo, del 1960 al 1980, la eficiencia de las lámparas creció un 50%. En los años 90 el consumo y la eficiencia se estabilizaron.

Este proceso de cambio técnico fue impulsado por los fabricantes, que continuamente buscaban mejoras en la eficiencia para abaratar costes y crear nuevos mercados. Según Herring (1999), la expansión masiva del consumo de electricidad en el siglo XX fue alimentada por el continuo descenso del precio de la electricidad, acompañado por un incremento de la eficiencia de aproximadamente unas 10 veces, lo que impulsó el desarrollo de nuevos bienes y servicios eléctricos: iluminación eléctrica en 1900, refrigeración doméstica en 1930, televisión en 1950, microondas y vídeos en 1980, ordenadores e internet en 1990.

2.2.5. Otros usos domésticos

Hay varias consideraciones teóricas que sugieren que los efectos rebote directos para la mayor parte del resto de servicios energéticos en los hogares son menores que los que se producirían para la calefacción. Hay que tener en cuenta que a diferencia del consumo energético para calefacción (Sorrell, 2007):

- El coste energético de estos servicios representa típicamente una pequeña proporción de los costes totales de proveerlos.
- El coste total del servicio energético representa una pequeña proporción del gasto total de los hogares.
- Los consumidores son relativamente insensibles al coste energético de estos servicios.

En relación al tercer punto, las elasticidades precio de la demanda pueden ser menores si el servicio energético en cuestión es de alguna manera esencial para la "vida diaria", pasando a considerarse un bien de primera necesidad. Cocinar, calentar agua y lavar ropa han entrado dentro de esta categoría en las sociedades más industrializadas. Otros servicios energéticos como los aparatos electrónicos, aunque no entran dentro de esta categoría, podrían tener unas elasticidades precio de la demanda cada vez menores, a medida que pasan a formar parte de los hábitos cada vez más arraigados en los países industrializados.

Hay poca evidencia sobre efecto rebote para otros usos finales domésticos (Nadel, 1993). Estos incluyen calentar agua, aparatos electrónicos, algunos electrodomésticos concretos como neveras, lavadoras, etc. Todos estos usos presentan muchos problemas cuando se identifican y se mide su consumo energético, ya que acostumbra a haber pocos datos disponibles. Dada esta falta de datos, la mayoría de estos estudios se basan en el análisis de la demanda condicional, cuyos resultados no son consistentes (*Angel Economic Reports* and *Applied Econometrics*, 1984).

En lo que respecta al efecto rebote para calentar agua en los hogares, Hartman (1984) encontró que éste se encontraba entre el 10% y el 40%. Guertin *et al.* (2003) encontraron un efecto rebote a largo plazo de entre el 34% y el 38% para calentar agua y de entre el 32% y el 49% para un conjunto de servicios energéticos que incluían iluminación y aparatos electrónicos. De manera similar, Freire-González (2010) encontró un efecto rebote directo del 36% a corto plazo y del 49% a largo plazo, para el conjunto de servicios energéticos que utilizaban electricidad en los hogares en Catalunya.

Davis (2007) provee el único ejemplo de estimación del efecto rebote para lavar ropa en los hogares (que junto con secar ropa, afirma que representa una décima parte del consumo de energía en los hogares de EEUU). Davis encontró un efecto rebote para este servicio energético inferior al 5%. Finalmente, Greening *et al.*, (2000) consideran que para todos los servicios energéticos incluidos en esta categoría, los efectos renta podrían ser significativos.

Capítulo 3

Aspectos teóricos y metodológicos del efecto rebote directo

Como se ha mostrado, la estimación del efecto rebote directo presenta ciertas especificidades metodológicas. Este capítulo analiza los principales aspectos teóricos, así como los principales desarrollos metodológicos existentes para estimar el efecto rebote directo a partir de datos secundarios y estimaciones econométricas.

Primero se establece la terminología y las principales definiciones. Posteriormente se entra en aspectos más metodológicos, centrados específicamente en el análisis del efecto rebote directo. Posteriormente se analizan las diversas definiciones existentes en la literatura.

3.1 La demanda de servicios energéticos

A continuación se exponen los principales conceptos y definiciones que deben tenerse en cuenta para el análisis econométrico del efecto rebote directo. El contenido de este apartado deriva de los desarrollos de Becker (1965), Khazzoom (1980); Berkhout *et al.* (2000) y Dimitropoulos y Sorrell (2006).

En el contexto doméstico, la demanda de energía (E) se deriva de la demanda de servicios energéticos (SE); como lo son la demanda de refrigeración, de confort térmico o de fuerza automotriz. Estos servicios son provistos a través de una combinación de energía, de tecnologías que transforman la energía, de otros insumos y del propio trabajo de los miembros del hogar. En este contexto, se asume que los miembros del hogar obtienen su utilidad del consumo de estos servicios energéticos, más que del consumo de los propios aparatos.

Una característica esencial del servicio energético es el trabajo útil (S) obtenido, que puede ser medido de diversas maneras, a través de una gran variedad de indicadores termodinámicos y físicos (Patterson, 1996). Estos indicadores, a su vez pueden ser descompuestos para mostrar la importancia relativa de las variables que contribuyen.

Un aspecto a tener en cuenta en este análisis es que los servicios energéticos presentan atributos o características (A), que se combinan con el trabajo útil y afectan al consumo final de energía. La combinación del trabajo útil y los atributos proporciona un servicio energético particular (Dimitropoulos y Sorrell, 2006):

$$SE_i = f(S_i, A_i) \qquad (1)$$

La función de producción doméstica de Becker proporciona un marco útil para entender la demanda de servicios energéticos (Becker, 1965). Este modelo asume que los hogares producen servicios energéticos para su propio consumo, y que el trabajo útil de un servicio energético se obtiene a través de una combinación de materias primas energéticas (E), capital (K), otros bienes de mercado (O) y parte del propio trabajo de los miembros del hogar, medido en cantidad de tiempo (T). En un análisis de la refrigeración, habría, por ejemplo, la electricidad (E), los equipos de aire acondicionado (K), los gastos de mantenimiento y operativos (O), el tiempo para su puesta en marcha y funcionamiento y otras cuestiones relacionadas con el trabajo dedicado a la obtención de refrigeración (T).

La provisión de trabajo útil para un servicio energético particular puede ser descrita por una función de producción, representando el output máximo que puede ser alcanzado a través de la tecnología disponible, para un nivel dado de energía y otros insumos (Wirl, 1997). Dado que, como muestra la ecuación (1), los atributos también afectan la provisión de un servicio energético (Dimitropoulos y Sorrell, 2006):

$$SE_i = f(E_i, K_i, O_i, T_i, A_i) \qquad (2)$$

La utilidad de los hogares que depende de los servicios energéticos (Dimitropoulos y Sorrell, 2006):

$$U_{SE} = f(SE_1, SE_2, SE_3, ..., SE_n) \qquad (3)$$

Una hipótesis adicional es que los hogares están sujetos a restricciones presupuestarias y temporales. En cuanto a la primera tenemos que (Dimitropoulos y Sorrell, 2006):

$$V + T_w P_w \geq \sum_{i=1,n} (P_E E_i + P_O O_i + \delta_K K_i) \quad (4)$$

Siendo V la renta no salarial, T_w el tiempo gastado en el mercado laboral, P_w el ratio salarial medio; P_E y P_O representan el precio unitario de la energía y del resto de bienes, respectivamente; δ_K es un factor de descuento. La expresión $P_K = \delta_K K(A)$ proporciona los costes de capital anualizados.

La restricción temporal de los hogares viene dada por (Dimitropoulos y Sorrell, 2006):

$$T = T_w + \sum_{t=1}^{n} T_i \quad (5)$$

Donde T_i representa el tiempo dedicado a producir el trabajo útil S_i. Asumiendo que el dinero y el tiempo son, en parte, intercambiables a través de decisiones sobre T_w (Becker, 1965), les restricciones de renta (4) y de tiempo (5) pueden fusionarse en una única restricción que englobe las dos (Dimitropoulos y Sorrell, 2006):

$$V + P_w T \geq \sum_{t=1}^{n} (P_E E_i + P_O O_i + \delta_K K_i + P_w T_i) \quad (6)$$

En el contexto del análisis del efecto rebote directo en los hogares, el marco que proporciona la función de producción de Becker permite, según Dimitropoulos y Sorrell (2006), en primer lugar, derivar la utilidad de los hogares a partir del consumo de los servicios energéticos y no de las materias primas energéticas, segundo, reconoce el doble papel productor y consumidor de los hogares de estos servicios, y tercero, el tiempo es un input importante a considerar en la producción de estos servicios.

Como indican Sorrell y Dimitropoulos (2007), las críticas al modelo de Becker han venido básicamente por los supuestos considerados. Algunas de estas se pueden ver en Pollack y Wachter (1975) y Juster y Stafford (1991). Ofrece, sin embargo, un gran número de ventajas frente a otros modelos convencionales de demanda de energía, y sus predicciones están ampliamente confirmadas por la investigación empírica (Juster y Stafford, 1991).

Una importante contribución del modelo de Becker en la investigación empírica es tener presente que el consumo de un servicio energético implica tres *trade-offs* (Dimitropoulos y Sorrell, 2006):

1. Entre el consumo de trabajo útil y el consumo de otros atributos de un servicio energético.
2. Entre energía, capital, otros bienes de mercado y tiempo, en la producción de un servicio energético.
3. Entre el consumo de diferentes servicios energéticos.

3.2 El efecto rebote directo como una elasticidad eficiencia de la energía

Del mismo modo que en el apartado anterior, los razonamientos seguidos en este apartado derivan de Khazzoom (1980), Henly *et al.* (1988), Berkhout *et al.* (2000), Dimitropoulos y Sorrell (2006) y Sorrell (2007).

A continuación se resumen las principales formas de medir el efecto rebote directo existentes en la literatura basada en estimaciones econométricas. Algunos autores establecen la elasticidad eficiencia de la demanda de energía como una medida directa del efecto rebote (Khazzoom, 1980; Berkhout *et al.*, 2000; Dimitropoulos y Sorrell, 2006) aunque, como se muestra a continuación, también hay otras variables que, bajo ciertas hipótesis, se pueden considerar una medida del efecto rebote.

El concepto originario de efecto rebote de Khazzoom (1980) fue deducido para el caso de un servicio energético individual. Tomó como punto de partida la demanda de energía para un servicio energético particular como función del coste del trabajo útil de este servicio (P_S).

La eficiencia (ε) de un sistema energético se puede definir como (Dimitropoulos y Sorrell, 2006):

$$\varepsilon = S/E \qquad (7)$$

Es decir, el trabajo útil conseguido por unidad de energía consumida. El precio del trabajo útil (P_S) es el precio de la energía (P_E) entre la eficiencia (Dimitropoulos y Sorrell, 2006):

$$P_S = P_E / \varepsilon \qquad (8)$$

De modo genérico, se entiende como coste generalizado del trabajo útil (P_G), a la suma de los costes de los diversos factores del trabajo útil (Dimitropoulos y Sorrell, 2006):

$$P_G = (P_E / \varepsilon) + P_K + P_M + P_T \qquad (9)$$

Donde P_K son los costes de capital anualizados, P_M son los costes de mantenimiento y operativos, y P_T son los costes de tiempo.

A partir de la ecuación (9), lo que sucede en realidad, es que una mejora de eficiencia energética reduce el coste energético unitario del trabajo útil ($\Delta P_S < 0$) y, por lo tanto, el coste total. Si se asume que el servicio energético tiene las características de un bien no giffen,[1] los consumidores demandaran más trabajo útil ($\Delta S > 0$), y entonces, la variación proporcional en el consumo

---

[1] Sería pues, un bien "normal" o "inferior". El primero es aquel que ante un incremento de la renta real del consumidor, vería incrementada su demanda, mientras que un bien "inferior" sería

de energía será menor que la variación en la eficiencia energética ($\Delta E / E < -\Delta \varepsilon / \varepsilon$).

La variación en la demanda de trabajo útil debida a una variación en la eficiencia energética puede ser medida a través de la elasticidad eficiencia energética de la demanda de trabajo útil ($\eta_\varepsilon(S)$) (Dimitropoulos y Sorrell, 2006):

$$\eta_\varepsilon(S) = \frac{\partial S}{\partial \varepsilon} \frac{\varepsilon}{S} \qquad (10)$$

Del mismo modo, la variación de la demanda de energía debida a una variación en la eficiencia energética se puede medir con la elasticidad eficiencia energética de la demanda de energía ($\eta_\varepsilon(E)$) (Dimitropoulos y Sorrell, 2006):

$$\eta_\varepsilon(E) = \frac{\partial E}{\partial \varepsilon} \frac{\varepsilon}{E} \qquad (11)$$

Substituyendo $E = S/\varepsilon$, de (7) en (11) y con derivadas parciales (Dimitropoulos y Sorrell, 2006):

$$\eta_\varepsilon(E) = \frac{\partial \left(S/\varepsilon\right)}{\partial \varepsilon} \frac{\varepsilon}{\left(S/\varepsilon\right)} = \left(-S\frac{1}{\varepsilon^2} + \frac{1}{\varepsilon}\frac{\partial S}{\partial \varepsilon}\right)\left(\frac{\varepsilon^2}{S}\right) = \frac{\partial S}{\partial \varepsilon}\frac{\varepsilon}{S} - 1$$

Y de esta ecuación se puede derivar la siguiente relación entre las elasticidades de la ecuación (10) y la ecuación (11) (Dimitropoulos y Sorrell, 2006):

$$\eta_\varepsilon(E) = \eta_\varepsilon(S) - 1 \qquad (12)$$

La ecuación (12) es la definición más común de la medida del efecto rebote directo para un servicio energético particular (Berkhout et al., 2000).

De este modo se llega a una conclusión importante: el ahorro energético debido a una mejora de la eficiencia energética se corresponderá con lo que predicen los modelos matemáticos sólo cuando la elasticidad eficiencia de la demanda de trabajo útil para un servicio energético sea igual a cero ($\eta_\varepsilon(S) = 0$), entonces la elasticidad eficiencia de la demanda de energía será igual a -1 ($\eta_\varepsilon(E) = -1$). Un efecto rebote positivo implica que $\eta_\varepsilon(S) > 0$, y por lo tanto $|\eta_\varepsilon(E)| < 1$.

Desde esta perspectiva, si se diera el caso que $\eta_\varepsilon(S) > 1$, es decir, que la demanda fuera elástica, o bien, que $\eta_\varepsilon(E) > 0$, estaríamos hablando de un caso especial de efecto rebote en el cual una mejora de la eficiencia energética acaba produciendo un incremento del consumo energético. Este caso se conoce como *backfire* en la literatura (Saunders, 1992).

Una mejora tecnológica que produce una mejora de la eficiencia energética puede conducir a diversas manifestaciones del efecto rebote directo:

- Un incremento en el número de aparatos conversores de energía (NO). Un impacto importante de la mayor eficiencia y los consiguientes menores costes de los servicios energéticos en los nuevos consumidores, es decir, sobre aquellos que anteriormente no podían permitirse el servicio.
- Un incremento en la capacidad media de los nuevos aparatos conversores de energía (CAP).
- Un incremento de su utilización media (UTIL), o bien un decremento de su factor de carga media (F), como por ejemplo podría suceder en el caso de los vehículos, donde se realizarían más trayectos con un único ocupante en el vehículo.

Entonces, se puede expresar la demanda de trabajo útil como (Dimitropoulos y Sorrell, 2006):

$$S = NO * CAP * UTIL \qquad (13)$$

De este modo, la ecuación referente a la elasticidad eficiencia energética de la demanda de energía se puede descomponer en varios factores. A partir de las ecuaciones (10), (11), (13) y de $S = \varepsilon E$ derivado de la ecuación (7) (Dimitropoulos y Sorrell, 2006):

$$\eta_\varepsilon(E) = \frac{\varepsilon}{E}\left[-\frac{(NO*CAP*UTIL)}{\varepsilon^2} + \frac{1}{\varepsilon}\left((NO*CAP)\frac{\partial UTIL}{\partial \varepsilon} + (CAP*UTIL)\frac{\partial NO}{\partial \varepsilon}\right)\right]$$

Substituyendo $E = (NO*CAP*UTIL)/\varepsilon$ y cancelando términos (Dimitropoulos y Sorrell, 2006):

$$\eta_\varepsilon(E) = -1 + \left(\frac{\varepsilon}{UTIL}\frac{\partial UTIL}{\partial \varepsilon} + \frac{\varepsilon}{CAP}\frac{\partial CAP}{\partial \varepsilon} + \frac{\varepsilon}{NO}\frac{\partial NO}{\partial \varepsilon}\right)$$

Lo que finalmente lleva a la expresión (Dimitropoulos y Sorrell, 2006):

$$\eta_\varepsilon(E) = [\eta_\varepsilon(NO) + \eta_\varepsilon(CAP) + \eta_\varepsilon(UTIL)] - 1 \qquad (14)$$

La ecuación (14) no es más que la desagregación de la ecuación (12) en diversos factores. Por lo tanto, a nivel teórico es lo mismo hacer una estimación de la elasticidad eficiencia de la demanda de trabajo útil de un servicio energético que hacerla de la elasticidad eficiencia de la demanda de aparatos conversores de energía, de la capacidad de estos aparatos y de su utilización media, y posteriormente realizar una agregación de estas tres elasticidades. La importancia relativa de cada una de estas variables puede cambiar entre servicios energéticos, entre regiones y países, y en diferentes periodos.

3.3 El efecto rebote directo como una elasticidad precio

Uno de los principales problemas cuando se lleva a cabo investigación empírica sobre el efecto rebote es la dificultad de trabajar con datos sobre la eficiencia energética de servicios energéticos concretos. Por un lado, hay diferentes definiciones de eficiencia energética y ciertas dificultades en la obtención de datos, por otra, existe el problema de que para muchos servicios energéticos, los datos disponibles sólo proveen una variabilidad limitada de la variable independiente establecida en la primera definición del efecto rebote (en este caso, el parámetro ε de la ecuación (12)), lo que comporta una varianza muy elevada de las elasticidades estimadas, que al mismo tiempo requiere controlar los precios energéticos.

Bajo el supuesto de que los consumidores responden del mismo modo a incrementos (decrementos) de la eficiencia energética que a decrementos (incrementos) de los precios energéticos, se pueden considerar otras variables independientes, utilizadas en otras definiciones, como serían los precios de los servicios energéticos (P_S) o los precios de la energía (P_E), y que estarían reflejando al mismo tiempo variaciones en la eficiencia energética y en los precios. Estas variables permiten realizar aproximaciones del efecto rebote directo, a pesar de que los datos disponibles de eficiencia energética provean una variación pequeña o inexistente (Sorrell, 2007).

Como se muestra a continuación, hay otras vías para realizar estimaciones empíricas del efecto rebote. Se demuestra cómo, bajo determinadas hipótesis, se puede cuantificar el efecto rebote a partir de la estimación de elasticidades precio de la demanda. Este apartado sigue los razonamientos realizados por Khazzoom (1980), Henly *et al.* (1988), Berkhout *et al.*, (2000), Dimitropoulos y Sorrell (2006) y Sorrell (2007), entre otros.

3.3.1 Definiciones del efecto rebote directo a partir de las elasticidades precio

Siguiendo los razonamientos del apartado anterior, y dado que $P_S = P_E / \varepsilon$, un incremento (decremento) de la eficiencia energética (ε), cuando los precios energéticos (P_E) se mantienen constantes, tiene los mismos efectos sobre el precio del trabajo útil (P_S) que un decremento (incremento) de la misma magnitud en los precios energéticos cuando la eficiencia energética se mantiene constante. Así que, bajo esta hipótesis, el efecto sobre el coste total y por lo tanto sobre la demanda de un servicio energético (S) tendría que ser simétrico. Suponiendo que los niveles de renta y los precios de los demás bienes se mantienen constantes, se puede escribir la demanda de trabajo útil sólo como función de su precio ($S = f(P_S)$) y, por lo tanto, los precios energéticos y de la eficiencia energética: $S = f(P_E / \varepsilon)$.

Entonces, la demanda de energía, que de la ecuación (7) se puede establecer como $E = S(P_S)/\varepsilon$, ahora vendrá dada por: $E = f(P_E / \varepsilon)/\varepsilon$. Asumiendo que los precios de la energía son exógenos, es decir, que no dependen de la eficiencia energética (Dimitropoulos y Sorrell, 2006):

$$\eta_\varepsilon(E) = \frac{\partial E}{\partial \varepsilon}\frac{\varepsilon}{E} = \frac{\varepsilon}{E}\left[-\frac{S}{\varepsilon^2} + \frac{\partial S}{\partial P_S}\frac{\partial P_S}{\partial \varepsilon}\right] = \frac{\varepsilon}{E}\left[-\frac{S}{\varepsilon^2} - \frac{1}{\varepsilon}\frac{P_E}{\varepsilon^2}\frac{\partial S}{\partial P_S}\right] = -\frac{S}{\varepsilon E} - \frac{P_E}{\varepsilon^2 E}\frac{\partial S}{\partial P_S} = -1 - \frac{P_S}{S}\frac{\partial S}{\partial P_S}$$

Lo que es equivalente a (Dimitropoulos y Sorrell, 2006):

$$\eta_\varepsilon(E) = -\eta_{P_S}(S) - 1 \qquad (15)$$

Una versión de la definición que aparece en la ecuación (15) es la utilizada por Khazzoom (1980), Berkhout *et al.* (2000), Binswanger (2001) y Greene *et al.* (1999a) para estimar el efecto rebote directo, ya que resulta de más sencilla aplicación que la ecuación (12), sobre todo en cuanto a la disponibilidad de datos de eficiencia.

Bajo estos supuestos, la elasticidad eficiencia energética de la demanda de energía ($\eta_\varepsilon(E)$) es igual a la elasticidad precio de la demanda de trabajo útil ($\eta_{P_S}(S)$) menos uno. En esta nueva definición, la elasticidad precio de la demanda de trabajo útil ($\eta_{P_S}(S)$) se utiliza como proxy de la elasticidad eficiencia energética de la demanda de energía ($\eta_\varepsilon(E)$), que se correspondería con la definición primaria del efecto rebote directo.

De manera análoga a la ecuación (14), la ecuación (15) se puede descomponer como se muestra a continuación (Dimitropoulos y Sorrell, 2006):

$$\eta_\varepsilon(E) = -\left[\eta_{P_S}(NO) + \eta_{P_S}(CAP) + \eta_{P_S}(UTIL)\right] - 1 \qquad (16)$$

Dado que no siempre hay datos disponibles sobre eficiencia energética (ε), dato requerido para estimar el precio del servicio energético, se puede utilizar una definición alternativa del efecto rebote (Dimitropoulos y Sorrell, 2006):

$$\eta_\varepsilon(E) = -\eta_{P_E}(S) - 1 \qquad (17)$$

Esta nueva definición se sustenta sobre dos hipótesis relevantes:

1. Simetría: los consumidores responden del mismo modo a incrementos (decrementos) de la eficiencia energética que a decrementos (incrementos) de los precios energéticos.
2. Exogeneidad: la eficiencia energética no se ve afectada por cambios en los precios energéticos ($\eta_{P_E}(\varepsilon) = 0$).

En cuanto a la primera hipótesis, bajo determinadas condiciones es realista pensar que los consumidores responden del mismo modo a una mejora de la eficiencia que a un decremento de los precios energéticos, dadas las mejoras que conlleva una mejora de la eficiencia, asumibles como menores costes. Una mejora de la eficiencia energética implica, por definición, la utilización de una menor cantidad de energía para proveer la misma cantidad de trabajo útil, lo que representa un menor gasto (equivalente a un abaratamiento) por la misma cantidad de trabajo útil.

La hipótesis de que la eficiencia energética no es afectada por los precios energéticos también resulta razonable en períodos de estabilidad o decrecimiento de los mismos, pero deja de ser cierta en periodos de crecimiento de los precios de la energía, donde se ha demostrado que estos incrementos inducen a mejoras tecnológicas no reversibles cuando los precios caen (Dargay, 1992; Grubb, 1995; Dimitropoulos y Sorrell, 2007). Si cambios en los precios energéticos inducen a cambios en la eficiencia energética, la utilización de esta definición puede llevar a estimaciones sesgadas, ya que la variación del precio del trabajo útil no será directamente proporcional a la variación en los precios energéticos. El no cumplimiento de estas hipótesis llevaría a sobreestimar la dimensión del efecto rebote, por lo que es conveniente realizar estimaciones del efecto rebote directo a partir de esta definición en períodos donde los precios de la energía se mantienen estables o caen.

Tal y como muestran Greening y Green (1998), también hay que tener en cuenta en este contexto que muchas estimaciones empíricas sugieren que la demanda de la mayoría de servicios energéticos resultan inelásticas:

$$-1 < \eta_{P_E}(S) < 0$$

Por motivos de disponibilidad de datos, la definición que muestra la ecuación (17) es a menudo más utilizada para obtener estimaciones del efecto rebote directo que la definición que muestra la ecuación (12), ya que en este caso no se requieren datos sobre eficiencia energética.

Pero los datos sobre trabajo útil de un determinado servicio energético también son difíciles de obtener. Es más común disponer de datos sobre el consumo de energía del servicio energético analizado.

Dado $P_S = P_E / \varepsilon$ y $E = S(P_S)/\varepsilon$ (Dimitropoulos y Sorrell, 2006):

$$\eta_{P_S}(S) = \frac{\partial S}{\partial P_S}\frac{P_S}{S} = -\frac{\partial(\varepsilon E)}{\partial\left(P_E/\varepsilon\right)}\frac{P_E/\varepsilon}{\varepsilon E}$$

Asumiendo que la eficiencia energética se mantiene constante (Dimitropoulos y Sorrell, 2006):

$$\eta_{P_S}(S) = \frac{\partial E}{\partial P_E}\frac{P_E}{E} = \eta_{P_E}(E)$$

Lo que conduce a una definición alternativa del efecto rebote basada en la propia elasticidad precio de la demanda de energía ($\eta_{P_E}(E)$) (Dimitropoulos y Sorrell, 2006):

$$\eta_\varepsilon(E) = -\eta_{P_E}(E) - 1 \qquad (18)$$

De este modo, bajo ciertos supuestos, el efecto rebote puede presentarse aproximadamente como la propia elasticidad precio de la demanda de energía del servicio energético relevante.

Del mismo modo que la ecuación (17) (tercera definición de efecto rebote), ésta se basa en las siguientes hipótesis:

1. Simetría: los consumidores responden del mismo modo a incrementos (decrementos) en la eficiencia energética que a decrementos (incrementos) en los precios energéticos.
2. Exogeneidad: la eficiencia energética no se ve afectada por cambios en los precios energéticos ($\eta_{P_E}(\varepsilon) = 0$).

Esta nueva definición permite estimaciones del efecto rebote directo de muchos servicios energéticos cuando no se dispone de datos sobre su eficiencia o su trabajo útil. Como indican Dimitropoulos y Sorrell (2007), el hecho de poder realizar estimaciones del efecto rebote sólo a partir de datos de consumo energético y de los precios de la energía abre un amplio abanico de posibilidades, así como la posibilidad de considerar un conjunto de estudios que han realizado estimaciones de elasticidades precio de la demanda de energía, sin considerar explícitamente el efecto rebote.

En el caso de que los datos disponibles sobre consumo de energía correspondan a un conjunto de servicios energéticos, como por ejemplo datos sobre el consumo de electricidad en los hogares, hay técnicas, como el análisis de demanda condicional que permite asignar la proporción del consumo de energía a cada servicio energético particular (Parti y Parti, 1980).

3.3.2. Características de la elasticidad precio de la demanda de energía

Espey (1998) realizó un metanálisis a nivel internacional de estudios de elasticidades precio de la demanda de gasolina. Dahl (1993), de manera similar, realizó una revisión de la literatura existente sobre estudios empíricos de elasticidades precio de la demanda de energía. De ambos estudios se puede concluir que la elasticidad precio de la demanda de energía es relativamente inelástica, con un rango que va desde -0,3 hasta -0,9, en el largo plazo.

Estos valores estimados sugerirían, a partir de la cuarta definición del efecto rebote directo (ver ecuación (18)), un efecto rebote directo de entre el 30% y el 90%, por lo tanto, sin llegar al umbral del 100% que marcaría el punto a partir del cual se produciría *backfire*.

Hay que tener en cuenta que la elasticidad precio de la demanda, y específicamente de la demanda de energía, no es un concepto universal e invariable, sino que contrariamente varía entre (Douthitt, 1989; Berkhout *et al.*, 2000):

- Materias primas energéticas.
- Servicios energéticos.
- Usos finales.
- Países, regiones y otras realidades geográficas.
- Sectores y agentes económicos.
- Niveles de renta.
- Adquiere diferentes valores en función del periodo de análisis.

Dado que las elasticidades precio de la demanda no son más que la reacción de los consumidores frente a una variación del precio, cada una de las características descritas provocan diferentes reacciones, ya sea en función del tipo de servicio y sus sustitutivos o de las necesidades subjetivas de los consumidores, entre otros.

En relación al último punto, algunos autores (Kouris, 1982; Gately, 1992, 1993; Dargay, 1992; Dargay y Gately, 1994, 1995; Haas y Schipper, 1998; Berkhout *et al.*, 2000) muestran como una de las características de las elasticidades precio de la demanda de energía es que tienden a ser mayores en períodos de precios energéticos crecientes que en periodos donde los precios energéticos decrecen. Por ello, la estimación de elasticidades basadas en series temporales varía en función de la evolución de los precios durante el período de análisis (Haas y Schipper, 1998). Por ello, como indica Sorrell (2007), es más adecuado estimar el efecto rebote directo a partir de la estimación de elasticidades precio de la demanda de energía para períodos de estabilidad o decrecimiento de los precios energéticos. Una explicación de este hecho es que, unos precios energéticos mayores inducen a mejoras tecnológicas de la eficiencia energética no reversibles cuando los precios de la energía caen (Grubb, 1995; Walker y Wirl, 1993). Por otra parte, como indica Grubb (1995), los requerimientos de eficiencia energética vienen también expresados en regulaciones que buscan que las nuevas inversiones mantengan unos estándares de eficiencia elevados aunque no haya el incentivo de los precios.

De todos modos, como se mostrará a continuación, la utilización de la elasticidad precio de la demanda de energía sin consideraciones adicionales, puede producir una sobreestimación del efecto rebote.

3.3.3. Principales problemas de las estimaciones del efecto rebote con elasticidades precio de la demanda

Como apunta Sorrell (2007), la utilización de elasticidades precio de la demanda como *proxy* del efecto rebote implica unos supuestos implícitos a considerar. Presentan una especial importancia los siguientes problemas:

1. La correlación entre la eficiencia energética y los costes de capital.
2. La endogeneidad de la eficiencia energética.

3.3.3.1. Correlación entre eficiencia energética y costes de capital

Para determinados servicios energéticos, los aparatos conversores de energía más eficientes tienen unos costes de capital más elevados que los aparatos más ineficientes, por lo que K y ε estarían positivamente correlacionados. Para otros servicios sucede lo contrario, es decir hay una correlación negativa.

Las estimaciones del efecto rebote a partir de elasticidades precio de la demanda de energía realizadas por Khazzoom (1980) han sido criticadas por diversos autores (Besen y Johnson, 1982; Einhorn, 1982; Henly *et al.*, 1988; Lovins *et al.*, 1988; Brannlund *et al.*, 2005) debido a la omisión que hizo de los costes de capital. Esto podría conducir a sobreestimaciones del efecto rebote.

Siguiendo el desarrollo realizado por Henly *et al.* (1988), si se asume que los costes de capital son una función de la eficiencia energética, y que el consumo de energía depende de estos costes, la ecuación (7) se transforma en:

$E = f\left[P_E/\varepsilon, P_K(\varepsilon)\right]/\varepsilon$. Entonces, cogiendo derivadas parciales respecto la eficiencia energética (Dimitropoulos y Sorrell, 2006):

$$\frac{\partial E}{\partial \varepsilon} = -\frac{S}{\varepsilon^2} + \frac{1}{\varepsilon}\frac{\partial S}{\partial \varepsilon} = -\frac{S}{\varepsilon^2} + \frac{1}{\varepsilon}\left[\frac{\partial S}{\partial P_S}\frac{\partial P_S}{\partial \varepsilon} + \frac{\partial S}{\partial P_K}\frac{\partial P_K}{\partial \varepsilon}\right] = -\frac{S}{\varepsilon^2} - \frac{P_E}{\varepsilon^3}\frac{\partial S}{\partial P_S} + \frac{1}{\varepsilon}\frac{\partial S}{\partial P_K}\frac{\partial P_K}{\partial \varepsilon}$$

Multiplicando por ε/E (Dimitropoulos y Sorrell, 2006):

$$\frac{\partial E}{\partial \varepsilon}\frac{\varepsilon}{E} = -\frac{S}{\varepsilon E} - \frac{P_E}{\varepsilon^2 E}\frac{\partial S}{\partial P_S} + \frac{1}{E}\frac{\partial S}{\partial P_K}\frac{\partial P_K}{\partial \varepsilon} = -1 - \frac{P_E/\varepsilon}{\varepsilon E}\frac{\partial S}{\partial P_S} + \frac{1}{E}\frac{\partial S}{\partial P_K}\frac{\partial P_K}{\partial \varepsilon}$$

$$\frac{\partial E}{\partial \varepsilon}\frac{\varepsilon}{E} = -1 - \frac{P_S}{S}\frac{\partial S}{\partial P_S} + \frac{\varepsilon}{S}\frac{\partial S}{\partial P_K}\frac{\partial P_K}{\partial \varepsilon}$$

Lo que conduce a la siguiente definición alternativa de la elasticidad eficiencia energética de la demanda de energía (Dimitropoulos y Sorrell, 2006):

$$\eta_\varepsilon(E) = -\left[\eta_{P_S}(S) - \left(\eta_{P_K}(S)\,\eta_\varepsilon(P_K)\right)\right] - 1 \quad (19)$$

La ecuación (19) muestra cómo, en el caso de que exista una correlación positiva entre eficiencia y costes de capital, el efecto rebote resultará menor que en las estimaciones realizadas a partir de la definición de la ecuación (15). En caso contrario, resultará mayor. La variable relevante al considerar los costes de capital tendría más que ver con los costes totales anualizados de los equipos que con sus costes iniciales, es decir, los costes descontados al largo de su vida útil, los cuales, también dependerían de las preferencias temporales de los consumidores.

En general, la magnitud y dirección del efecto rebote, estimado a partir de las definiciones que muestran las ecuaciones (15), (17) y (18) dependerá del grado y signo de la correlación entre la eficiencia energética y el resto de categorías de costes implicadas para proveer el servicio energético, incluyendo los costes de capital, los operativos y los de mantenimiento. Si están positivamente correlacionados, el sesgo será negativo y el efecto rebote directo estará sobreestimado, mientras que si están negativamente correlacionados el sesgo será positivo y el efecto rebote estará infraestimado.

3.3.3.2. Endogeneidad de la eficiencia energética

Hasta ahora se ha considerado la eficiencia energética como una variable exógena, es decir, que es independiente del resto de variables independientes, pero en realidad la eficiencia energética debería ser considerada, en parte, endógena.

Como indican Dimitropoulos y Sorrell (2007), Green *et al.* (1999) y Small y Van Dender (2005), la eficiencia energética es función de los precios actuales y pasados ($\varepsilon = f(P_{E_{t-i}})$). Esto se debe a que, en el corto plazo, el incremento de los precios de las materias primas energéticas hace que los consumidores utilicen sus aparatos de modo más eficiente para mantener los costes. A largo plazo, el incremento de precios incentiva a los consumidores a comprar aparatos más eficientes y a los productores a hacer un mayor gasto en I+D con el fin de responder a las expectativas de los consumidores y ser competitivos.

Considerando la endogeneidad de la eficiencia energética, la ecuación (7) quedaría como: $E = f\left[P_E / \varepsilon(P_E)\right] / \varepsilon(P_E)$. Diferenciando de esta ecuación los precios energéticos y sustituyendo la expresión $\eta_{P_S}(S)$ en la definición de la ecuación (15), se obtiene una definición alternativa del efecto rebote que tiene en cuenta las mejoras de eficiencia energética inducidas por los precios:

$$\eta_\varepsilon(E) = -\left[\frac{\eta_{P_E}(E) + \eta_{P_E}(\varepsilon)}{1 - \eta_{P_E}(\varepsilon)}\right] - 1 \qquad (20)$$

Diferentes versiones de la ecuación (20) se encuentran en Blair *et al.* (1984), Mayo y Mathis (1988), Greene *et al.* (1999b) y en Small y Van Dender (2005).

3.3.4. La mejor aproximación para determinar la magnitud del efecto rebote directo de un servicio energético

Como demuestran Hanly *et al.* (2002) en un estudio sobre elasticidades precio de la demanda del transporte, la magnitud relativa de cada una de las diferentes elasticidades mostradas para un servicio energético particular es la que se muestra a continuación.

Empezando por la siguiente derivación de la ecuación (7): $E = S[P_E / \varepsilon(P_E)] / \varepsilon(P_E)$, la elasticidad precio de la demanda de trabajo útil se puede expresar como (Dimitropoulos y Sorrell, 2006):

$$\eta_{P_S}(S) = \frac{P_S}{S} \frac{\partial S}{\partial P_S} = \frac{P_S}{S}\left[\varepsilon \frac{\partial S}{\partial P_S} + E \frac{\partial \varepsilon}{\partial P_S}\right] = \frac{P_S}{E} \frac{\partial E}{\partial P_S} + \frac{P_S}{\varepsilon} \frac{\partial \varepsilon}{\partial P_S}$$

o bien (Dimitropoulos y Sorrell, 2006):

$$\eta_{P_S}(E) = \eta_{P_S}(S) - \eta_{P_S}(\varepsilon) \qquad (21)$$

Suponiendo que se cumple la hipótesis de que $\eta_{P_S}(\varepsilon) \geq 0$, es decir, que un mayor coste del trabajo útil incentiva una mayor eficiencia energética, y que $\eta_{P_S}(S) \leq 0$, es decir, que unos precios mayores reducen la demanda de trabajo útil (Dimitropoulos y Sorrell, 2006):

$$\left|\eta_{P_S}(S)\right| \leq \left|\eta_{P_S}(E)\right| \qquad (22)$$

De modo análogo se puede obtener que $\eta_{P_E}(E) = \eta_{P_E}(S) - \eta_{P_E}(\varepsilon)$, y por lo tanto (Dimitropoulos y Sorrell, 2006):

$$\left|\eta_{P_E}(S)\right| \leq \left|\eta_{P_E}(E)\right| \qquad (23)$$

A partir de la ecuación (20), correspondiente a la definición del efecto rebote que considera endogeneidad de la eficiencia energética, se obtiene (Dimitropoulos y Sorrell, 2006):

$$\eta_{P_E}(E) = \eta_{P_S}(S)\left[1 - \eta_{P_E}(\varepsilon)\right] - \eta_{P_E}(\varepsilon) \qquad (24)$$

Supondremos que el valor de la elasticidad precio de la energía en relación a la eficiencia energética está entre 0 y 1: $0 \leq \eta_{P_E}(\varepsilon) \leq 1$, y que la elasticidad precio del trabajo útil en relación a la demanda de trabajo útil está entre -1 y 0: $-1 \leq \eta_{P_S}(S) \leq 0$. Entonces (Dimitropoulos y Sorrell, 2006):

$$\left|\eta_{P_S}(S)\right| \leq \left|\eta_{P_E}(E)\right| \qquad (25)$$

Combinando las expresiones (22), (23) y (25), se obtiene (Dimitropoulos y Sorrell, 2006):

$$\left|\eta_{P_E}(S)\right| \leq \left|\eta_{P_S}(S)\right| \leq \left|\eta_{P_E}(E)\right| \leq \left|\eta_{P_S}(E)\right| \qquad (26)$$

Como indican Hanly *et al.* (2002), esta relación es un importante punto de referencia para la evidencia empírica existente sobre las estimaciones econométricas sobre el efecto rebote. Esta relación también muestra como la gran literatura existente sobre estimaciones de elasticidades precio de la demanda de energía ($\eta_{P_E}(E)$) puede ser interpretada como un límite superior de la magnitud del efecto rebote directo.

A continuación, la Tabla 5 expone, a modo de resumen, las diversas definiciones del efecto rebote directo que han ido apareciendo, a partir de la estimación de elasticidades.

Tabla 5. Resumen de las definiciones del efecto rebote directo a partir de la estimación de elasticidades

Definición de efecto rebote	Formalización matemática
1. Definición matemática (de la ingeniería)	$\eta_\varepsilon(E) = \eta_\varepsilon(S) - 1$
2. Definición "económica"	$\eta_\varepsilon(E) = -\eta_{P_S}(S) - 1$
3. Primera aproximación (a través del precio de la energía)	$\eta_\varepsilon(E) = -\eta_{P_E}(S) - 1$
4. Segunda aproximación (a través del precio de la energía y la demanda de energía)	$\eta_\varepsilon(E) = -\eta_{P_E}(E) - 1$

Nota: el símbolo η representa la elasticidad, ε es la eficiencia energética, E es la demanda de energía, S es la demanda de trabajo útil, P_S es el precio del trabajo útil, P_E es el precio de la energía.
Fuente: adaptación de Dimitropoulos y Sorrell (2006).

A modo de resumen, si las mejoras de eficiencia energética están asociadas a variaciones en los costes de capital (ecuación (19)) y si la eficiencia energética está influenciada por los precios energéticos (es decir, existe endogeneidad, ecuación (20), la expresión más apropiada para estimar la magnitud del efecto rebote, a partir de una adaptación de la que se muestra en Dimitropoulos y Sorrell (2006), sería:

$$\eta_\varepsilon(E) = -\left[\left(\frac{\eta_{P_E}(E) + \eta_{P_E}(\varepsilon)}{1 - \eta_{P_E}(\varepsilon)}\right) - \left(\eta_{P_K}(S)\eta_\varepsilon(P_K)\right)\right] - 1 \quad (27)$$

Adicionalmente, Dimitropoulos y Sorrell (2006) evidencian cómo algunos autores argumentan la existencia de un efecto rebote en relación al tiempo (Binswanger, 2001; Sorrell, 2007), ya que una mayor demanda de un determinado servicio energético puede producir un aumento del tiempo destinado a su consumo. Si bien este razonamiento es cierto para determinados servicios energéticos como el transporte privado, perdería validez para otros servicios energéticos para los que un incremento en su demanda no tiene porque implicar un incremento sustancial del tiempo dedicado a su consumo, como por ejemplo, para la calefacción o la refrigeración domésticas.

Capítulo 4
Literatura empírica sobre el efecto rebote indirecto

Este capítulo contextualiza el efecto rebote indirecto con algunas cuestiones preliminares básicas. Se analizan sus fuentes y causas, así como sus principales implicaciones. También se introducen algunos aspectos a considerar cuando se realizan estimaciones. Posteriormente se realiza una revisión de la literatura empírica tanto del efecto rebote indirecto, *economy-wide*, como de los desarrollos en el campo del análisis Input-output de la energía, como principales metodologías empleadas para su estimación.

4.1 Cuestiones preliminares sobre el efecto rebote indirecto

Como se ha mencionado, cuando se habla de eficiencia energética, el efecto rebote incluye todos aquellos mecanismos que hacen que las mejoras de eficiencia no se traduzcan en los ahorros de energía que se esperaba, o incluso, aquellos que hacen que el consumo final de energía sea mayor que el que había antes de la mejora de eficiencia. Esto se debe a las respuestas de los agentes ante los efectos de las mejoras producidas.

Un incremento de la eficiencia o mejora de la productividad en la provisión de un determinado servicio energético produce una reducción del coste efectivo del mismo que aumenta la renta disponible del usuario del servicio. El hecho de que se pueda conseguir la misma cantidad de trabajo útil con una menor cantidad de energía y, por lo tanto, con un menor gasto energético, libera unos recursos económicos que se pueden utilizar, o bien incrementando el uso del mismo servicio energético (efecto rebote directo), o consumiendo otros bienes y servicios, o ahorrando. Este posible incremento en el consumo de otros bienes y servicios lleva asociado un mayor consumo global de energía, ya que tanto en su uso como bien de consumo final, como a lo largo del proceso productivo necesario para producirlo se utiliza energía (efecto rebote indirecto).

El modo más adecuado de abordar el efecto rebote indirecto desde una perspectiva empírica no está claramente definido en la literatura, ya que, como sucede con el efecto rebote directo, no ha sido un área muy desarrollada, habiendo diferentes visiones y metodologías de evaluación. Para el caso del efecto rebote indirecto se dispone de una menor cantidad de estudios que para el efecto rebote directo, lo que genera aún más incertidumbres en torno a los métodos más adecuados de estimación.

Detrás del debate, tanto del efecto rebote indirecto como de los efectos sobre toda la economía, está la inexistencia de un consenso sobre el marco teórico más adecuado para describir los mecanismos y consecuencias del efecto rebote a nivel macroeconómico (Dimitropoulos, 2007). De hecho, existen varios modelos construidos sobre diferentes marcos teóricos, como pueden ser los modelos Post-keynesianos, los modelos neoclásicos de crecimiento económico, los modelos de equilibrio general computable y otras modelizaciones alternativas para la evaluación de políticas que son utilizadas para la evaluación del efecto rebote (Barker *et al.*, 2007; Grepperud y Rasmussen, 2004; Saunders, 2008; Small y Van Dender, 2005; Sorrell, 2007; Sorrell *et al.,* 2009; Wei, 2006).

Por lo tanto, el efecto rebote directo representa tan sólo una parte del efecto rebote total derivado de las mejoras de eficiencia energética. A pesar de las ventajas de disponer de estimaciones del efecto directo, es necesario conocer el efecto rebote indirecto y sobre toda la economía, para disponer de una visión más amplia de la magnitud de los efectos que podrían alcanzar determinadas políticas energéticas en los hogares y con estas, poder reformular determinadas políticas de lucha contra el cambio climático en consecuencia.

Sin embargo, la estimación de los efectos directos, indirectos y sobre toda la economía tampoco proporcionan la totalidad de los efectos sobre el consumo de recursos en un ámbito determinado. Por un lado, habría que analizar qué sucede con los efectos dinámicos, es decir, cómo los incrementos en la productividad de la energía provocan cambios en las estructuras económicas y afectan el crecimiento económico, incrementando el consumo energético. Por otra parte, hay que considerar adicionalmente (o alternativamente) la multitud de cambios, la mayor parte de ellos irreversibles, dentro de un contexto de sistemas complejos adaptativos que evolucionan (Polimeni *et al.*, 2008). Es innegable que estos afectarían las estructuras económicas, sociales, tecnológicas y culturales a diversos niveles y escalas. Estos últimos han sido menos explorados y posiblemente requerirían otros enfoques, tanto teóricos como aplicados.

Se puede considerar que el efecto rebote indirecto proviene esencialmente de dos fuentes (Sorrell, 2007):

1. Contenido energético: la energía requerida para producir e instalar las medidas que mejoran la eficiencia energética. Este efecto ocurre antes de que la mejora de eficiencia energética se produzca. Esta fuente de efecto indirecto requiere un análisis específico para cada medida de eficiencia energética, pero debería considerarse cuando se evalúan mejoras tecnológicas. Para ello se pueden utilizar metodologías de análisis de ciclo de vida (LCA) a partir de métodos de análisis Input-output de la energía como el que se desarrolla en el capítulo 5.

2. Efectos secundarios: se refiere al consumo indirecto de energía derivado de las mejoras de eficiencia energética. Son los efectos indirectos que se producen con posterioridad a la implementación de la medida.

4.1.1. Contenido energético: consumo indirecto de energía de las medidas de mejora de eficiencia energética

Este consumo se realiza con antelación a que la mejora de eficiencia energética se concrete. Muchas de las mejoras de la eficiencia energética pueden ser entendidas como la sustitución de energía por capital, dentro de los límites de un sistema en particular. Por ejemplo, la electricidad o el gas natural pueden ser sustituidos por un aislamiento térmico (capital) para mantener la temperatura interna de un edificio.

Sin embargo, las estimaciones de ahorro energético no suelen considerar el consumo de energía requerido en la producción, la operación y el mantenimiento del capital sustituido en cuestión. Este consumo indirecto de energía es a menudo conocido en la literatura como *embodied energy* (contenido energético). Esta sería por ejemplo, la energía necesaria para producir e instalar materiales de aislamiento o motores más eficientes.

La sustitución de energía por capital produce cambios en el uso de energía en toda la economía a través de modificaciones en las demandas intermedias de bienes y servicios. La demanda de energía, por lo tanto, se ve incrementada como consecuencia de la nueva demanda de capital. Como resultado, otros sectores de la economía pueden pasar a utilizar más energía (Kaufmann y Azary-Lee, 1990).

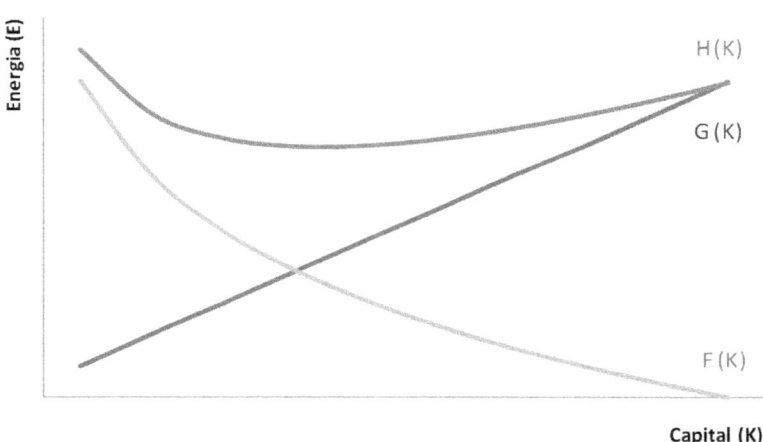

Gráfico 3. La sustitución de energía por capital y el impacto en el consumo de energía asociado

Fuente: Adaptación de Stern (1997).

El Gráfico 3 es una representación gráfica de este proceso. La función F(K) representa las diferentes combinaciones de capital y energía para un nivel determinado de output, es decir, la hipotética sustituibilidad entre capital y energía. La función G(K) representa el incremento del consumo indirecto de energía que supone para otros agentes económicos, asociado al nuevo nivel de capital. La función H(K) representa la suma de las dos anteriores, y muestra cómo hay una reducción del consumo de energía hasta alcanzar un determinado nivel de capital (K'), a partir del cual, el uso del energía directo más el indirecto aumenta, ya que el consumo indirecto de energía excede los ahorros directos.

Algunos autores como Webb y Pearce (1975) dejan entrever que esta fuente no debería suponer *backfire*, ya que el coste de una tecnología energéticamente eficiente ya debería reflejar, entre otros, el coste de la energía contenida, por lo que si este último coste excediera la reducción de costes energéticos, la nueva medida no resulta coste-efectiva. Este argumento no considera el consumo energético en términos de contenido calorífico, sino en términos de valoración monetaria de las diversas opciones energéticas. Hay que tener en cuenta, sin embargo, que dado que, en ausencia de externalidades, los precios deberían reflejar todos los costes, las nuevas medidas podrían resultar coste-efectivas con un mayor consumo energético pero un menor coste global, a causa del menor precio relativo de otros bienes y servicios intermedios para llevar a cabo su producción.

4.1.2. Efectos secundarios: el consumo indirecto de energía por cambios en los patrones de consumo

Esta tipología de efecto rebote indirecto ocurre una vez se ha producido la mejora de eficiencia energética. Por esta vía, las mejoras de productividad energética supondrían una reducción de la factura energética en hogares y/o empresas (en función del ámbito en que se produjera la mejora), lo que llevaría a cambios en la demanda final del propio servicio energético objeto de la mejora (efecto rebote directo), pero también produciría cambios en las demandas de otros bienes y servicios, que necesitan energía a lo largo de su proceso productivo. Es decir, modificaría los patrones de consumo de empresas y hogares, implicando cambios en el uso de energía. En otras palabras, una mejora de la eficiencia aumentaría la renta disponible de las familias, lo que provocaría una expansión del consumo y/o la inversión (también a través del ahorro) en bienes y servicios, los cuales también requieren energía para ser producidos, suministrados y consumidos.

En el caso de que la mejora se produjera en el ámbito de una empresa, industria o sector económico, se verían reducidos sus costes de producción. En condiciones de competencia perfecta la reducción de costes se reflejaría en los precios de mercado del bien o servicio. Al mismo tiempo se reducirían los precios de todos los bienes y servicios que lo utilizan como input productivo y, por lo tanto, generaría presiones deflacionistas en la economía. Esto supondría un incremento de la renta real y una expansión del consumo final que acabaría repercutiendo en el crecimiento económico, aumentando el consumo global de energía. Asumiendo competencia imperfecta en los mercados en sus diversas modalidades, las mejoras de eficiencia energética no se trasladarían, o sólo lo harían parcialmente, a precios, pero tendrían efectos sobre otras variables macroeconómicas, como salarios, beneficios, impuestos, etc. El efecto final sería un incremento de la renta real disponible agregada, de la demanda y del ahorro final, estimulando finalmente el crecimiento económico. Los efectos también se trasladarían, a través del comercio, los movimientos de capital y las relaciones internacionales hacia otras regiones y países, y hacia otros periodos a través del sistema financiero. Todos estos procesos terminarían suponiendo, indirectamente, mayores necesidades energéticas del propio sistema.

La constatación empírica del impacto neto de todo este proceso implica cierta dificultad metodológica, y requiere la adopción de una perspectiva general en la que resultan afectados multitud de agentes económicos que están interrelacionados. A todo esto cabe añadir las dificultades inherentes de la investigación social, como por ejemplo las incertidumbres propias del comportamiento humano y los sistemas socioeconómicos.

4.2 Revisión de la literatura empírica

La literatura empírica sobre el efecto rebote indirecto es bastante escasa en comparación con la existente sobre el efecto rebote directo. En ocasiones hay cierta mezcla y confusión entre el efecto rebote indirecto y los efectos sobre toda la economía (*economy-wide effects*). Esta perspectiva se basa principalmente en cuatro grandes tipologías de estudios (Sorrell, 2007):

1. Estudios de elasticidades de sustitución.
2. Estudios de Modelado Macroeconométrico.
3. Estudios de Modelado de Equilibrio General computable (MEGC).
4. Estudios de energía, productividad y crecimiento económico.

A continuación se realiza una revisión de la literatura empírica sobre el efecto rebote, evaluándolo desde una perspectiva de equilibrio general, es decir, considerando los efectos sobre toda la economía. El análisis se centra básicamente en los modelos de equilibrio general computable y los métodos de análisis Input-output ambiental.

4.2.1. Efectos sobre toda la economía: *economy-wide effects*

Para la estimación del efecto rebote desde una perspectiva macroeconómica, principalmente se encuentran en la literatura estudios basados en metodologías de modelado de equilibrio general computable (MEGC) y modelado macroeconométrico, estos últimos básicamente basados en el desarrollo empírico de modelos neoclásicos de crecimiento económico y derivaciones. A pesar de la escasez de trabajos de este tipo, la Tabla 6 muestra algunos de los realizados hasta la fecha.

Tabla 6. Algunos estudios de estimaciones del efecto rebote sobre toda la economía a partir de modelización de equilibrio general computable y principales resultados

Autores	País objeto de las estimaciones	Función de producción	Elasticidad de substitución	Efecto rebote
Semboja (1994)	Kenia	Cobb-Douglass	1 o 0	170% - 350%
Dufournaud et al. (1994)	Sudán	CES	0,2 - 0,4	54% - 59%
Vikström (2004)	Suecia	CES	0,07 - 0,87	60%
Grepperud y Rasmussen (2004)	Noruega	CES	0 - 1	< 100%
Washida (2004)	Japón	CES	0,3 - 0,7	35% - 70%
Glomsrød y Taojunan (2005)	China	Cobb-Douglass, Leontief, CES	1	> 100%
Hanley et al. (2006)	Escocia	CES	0,3	120%
Allan et al. (2006)	Reino Unido	CES	0,3	30% - 50%
Lecca et al. (2014)	Reino Unido	CES	0,35 - 0,61	39,8% - 68,7%

Fuente: Elaboración propia a partir de Dimitropoulos (2007).

Adicionalmente a los MEGC básicos, se encuentran los modelos macroeconómicos híbridos, que combinan modelos de equilibrio general computable con técnicas econométricas avanzadas y modelos de ingeniería "*bottom-up*". Uno ejemplo son los modelos denominados *Energy-Economy-Environment* (E3) que combinan modelos econométricos con modelos de equilibrio general y submodelos energéticos y de impacto ambiental. Un modelo conocido es el 4CMR utilizado por Barker *et al.* (2007) para estimar el efecto rebote a nivel macroeconómico del Reino Unido, o el modelo NEMO, utilizado por Koopmans (1997) para Holanda.

En relación a los trabajos empíricos en modelado macroeconométrico, basados en modelos neoclásicos de crecimiento, destacan los trabajos de Jorgenson y sus colegas (Jorgenson y Fraumeni, 1981; Jorgenson, 1984; Hogan y Jorgenson, 1991).

4.2.2. Efectos indirectos: contenido energético de las medidas y efectos secundarios

Hay pocos estudios que realicen estimaciones del contenido energético de las tecnologías o medidas que llevan a una mejora de la eficiencia energética y estos se encuentran principalmente focalizados en los usos domésticos. Kaufmann y Azary-Lee (1990) analizando el efecto rebote en la industria, estimaron que entre 1954 y 1984, el contenido energético asociado al capital físico que mejoraba la eficiencia energética en la industria estadounidense de productos forestales, compensaba en un 83% los ahorros energéticos directos producidos por este mismo equipamiento.

De este modo, se pueden obtener estimaciones del contenido energético de diversas categorías de bienes y servicios a partir de un análisis Input-output de la energía, de un análisis del ciclo de vida (*life-cycle analysis*) o de una combinación de ambos (Chapman, 1974; Herendeen y Tanak, 1976; Kok *et al.*, 2006). Casals (2006) muestra, a nivel de la Unión Europea, como ni en 100 años de vida útil se podría recuperar el contenido energético de las medidas con ahorros energéticos de las propias medidas en edificios de bajo contenido energético. Otros estudios similares son los de Feist (1996), Winther y Hestnes (1999) y la *Royal Commission on Environmental Pollution* (2007). Los dos primeros, encontraron valores bajos, y con periodos de recuperación de las inversiones, en términos energéticos, menores a un año. El último, sin embargo, estimó para las viviendas nuevas con diseños de bajo consumo energético en el Reino Unido unos 15 años de recuperación de la inversión en términos energéticos.

Por otra parte, cabe destacar el estudio de Sartori y Hestnes (2007). Realizaron una revisión de literatura de consumo energético en edificios con 60 casos de estudio, encontrando que la proporción de contenido energético en el consumo de energía realizado en el ciclo de vida, en relación al total, era de entre un 9% y un 46% para los edificios de bajo consumo energético y de entre un 2% y un 38% para edificios convencionales.

En diversos estudios, la evidencia sobre el efecto rebote en el contexto macroeconómico se ha orientado hacia el efecto renta producido por la introducción de tecnologías que mejoran la eficiencia energética en servicios energéticos que se encuentran cercanos a la saturación. Este incremento de la renta disponible estimula el consumo y la demanda de energía. Algunos autores han utilizado esta interpretación (Jala, 2002; Carlsson-Kanyama *et al.*, 2005; Cohen *et al.*, 2005; Takase *et al.*, 2005; Freire-González, 2011) encontrando que las necesidades energéticas indirectas, derivadas de la mejora de eficiencia en los hogares, son mayores que los ahorros directos de las mismas mejoras. Diversos autores han afirmado que estos efectos secundarios de las mejoras de eficiencia energética, contrariamente a lo que mencionan los autores anteriores, son bajos (Lovins *et al.*, 1988; Greening y Greene, 1998; Schipper y Grubb, 2000; Dimitropoulos, 2007), debido a que el consumo de energía supone una pequeña proporción del gasto total en los hogares, y que el contenido energético del resto de bienes y servicios también es menor. Por otra parte, en relación a la gran mayoría de bienes y servicios, según Greening y Greene (1998), los datos disponibles en las tablas Input-output sugieren que el gasto efectivo en energía sería menor del 15%. Por lo que los efectos indirectos resultarían también bajos. Hay que tener en cuenta, sin embargo, que a pesar de que el consumo de energía representa una proporción menor dentro de los presupuestos de las empresas y los hogares, en relación a otros gastos, las mejoras de eficiencia pueden suponer cambios en los patrones de consumo y otros efectos dinámicos, la energía requerida de los cuales puede resultar finalmente mayor. Además, un cambio de patrón de consumo puede comportar otros ahorros monetarios, que acabarían suponiendo un incremento en el consumo de energía (Alfredsson, 2004).

Del mismo modo que sucede con el efecto rebote indirecto antes de que las nuevas tecnologías o medidas más eficientes entren en funcionamiento (es decir, el contenido energético de las medidas que se aplicarán), los efectos secundarios, una vez introducidas las mejoras, se pueden calcular a partir de metodologías Input-output, métodos de análisis del ciclo de vida o metodologías mixtas. La combinación de tablas Input-output en términos energéticos con datos sobre el consumo de diferentes categorías de bienes y servicios a los hogares permite observar cambios en el consumo directo e indirecto de energía a lo largo de toda la economía al modificar los patrones consumo final en los hogares. Suponiendo que una mejora de la eficiencia energética en los hogares produce un cambio en estos patrones, se puede estimar el efecto rebote directo e indirecto. Un estudio que relaciona directamente cambios en los patrones de consumo en los hogares con el efecto rebote es el de Druckman *et al.* (2010). A partir de un modelo Input-output cuasi-multiregional para la economía del Reino Unido, simularon los efectos de cambios en los patrones de consumo de los hogares por determinadas acciones voluntarias de ahorro energético sobre las emisiones de CO_2. Concretamente estimaron el efecto *re-spending* de realizar estas acciones. Encontraron un efecto rebote indirecto de entre el 12% y el 512% en el peor de los casos, con unos resultados esperados más probables del 34%, en función de los sectores sobre los que se realizaba el gasto final.

4.2.3. El análisis Input-output de la energía

El método Input-output es una adaptación de la teoría neoclásica del equilibrio general para el estudio empírico de la interdependencia entre actividades económicas interrelacionadas (Leontief, 1936; Leontief, 1941; Leontief *et al.* 1953). Este fue inicialmente desarrollado por Wassily Leontief y posteriormente ampliado por otros autores en muchos campos y con muy diversas aplicaciones.

Desde finales de los años 60 del siglo XX, el marco de análisis Input-output comenzó a ser ampliado por parte de muchos investigadores para relacionar el sistema económico y la actividad interindustrial con el medio ambiente. El pionero de este tipo de estudios fue Isard (1968), que propuso una metodología basada en el análisis Input-output de Leontief, relacionando variables económicas y ambientales que, a su vez, ofrecía más alternativas de política económica. Posteriormente, el mismo Leontief (1970) proporcionó una de las extensiones metodológicas clave para este tipo de desarrollos.

Los modelos Input-output generalizados para el análisis de los flujos ambientales se han asentado fuertemente en la literatura (Isard, 1968; Daly, 1968; Ayres y Kneese, 1969; Leontief, 1970; Leontief y Ford, 1971; Isard *et al.*, 1972; Victor, 1972).

Hacia finales de los años 60 y principios de los 70 del siglo XX comenzó a crecer la preocupación por parte de los decisores políticos y la comunidad académica por las cuestiones relacionadas con el papel y el uso de la energía en la economía, así como los impactos ambientales asociados. Concretamente, los modelos Input-output de la energía fueron ampliamente desarrollados y utilizados en el contexto de la crisis energética que se produjo durante los años 70. Recientemente, ha habido un resurgimiento de estos modelos para el análisis de las relaciones entre el uso de la energía en la economía y el cambio climático. Al mismo tiempo que se desarrollaba el marco Input-output de la energía, otros autores investigaban las mismas cuestiones desde la perspectiva de la eficiencia termodinámica, la ingeniería y la química. Concretamente, Berry *et al.* (1978) estudiaron las relaciones entre eficiencia económica y eficiencia termodinámica. El análisis de las relaciones entre las dos eficiencias llevó al desarrollo de la "teoría energética del valor" (Hannon, 1973; Gilliland, 1975; Costanza y Herendeen, 1984), que propone que el valor de los bienes y servicios de una economía está relacionado con su contenido energético directo e indirecto, y de la "teoría entrópica del valor" (Georgescu-Roegen, 1971), que a partir de la segunda ley de la termodinámica evidenciaba los límites del crecimiento económico.

Algunos de los autores que desarrollaron y utilizaron la metodología Input-output aplicada al uso de la energía fueron Cumberland (1966), Strout (1967), Ayres y Kneese (1969), Bullard y Herendeen (1975), Griffin (1976), Blair (1979), Casler y Wilbur (1984), Proops (1988), entre otros. Recientemente, los avances en análisis input-output y uso de la energía se han centrado en desarrollar extensiones del marco Input-output de Leontief. Bullard y Herendeen (1975) desarrollaron inicialmente una de las extensiones Input-output de la energía más utilizadas. Es el método llamado en "unidades híbridas", consistente en contabilizar la energía, añadiendo una serie de coeficientes lineales, que definen el uso de la energía por unidad monetaria de output de los diferentes sectores económicos, comprendidos en las tablas Input-output. A pesar de sus limitaciones metodológicas y prácticas, este desarrollo sigue siendo ampliamente utilizado hoy en día, ya que es difícil obtener todos los datos necesarios para asegurar la consistencia interna en la contabilización de la energía y su uso a través de la economía (Miller y Blair, 2009). Una versión moderna de este desarrollo se expondrá ampliamente en el apartado 5.1. El trabajo de Bullard y Herendeen (1975) fue posteriormente desarrollado por otros autores, sobre todo durante las décadas de los 80 y los 90, con el fin de caracterizar los efectos de un impuesto sobre la energía (Herendeen, 1974), analizar los costes y los beneficios de los programas de ahorro energético (Henry, 1977), analizar el balance comercial de energía entre regiones (Bourque, 1981), los impactos de las nuevas tecnologías energéticas (Herendeen y Plant, 1981; Blair, 1979; Casler y Hannon, 1989), así como los cambios estructurales en las economías y sus implicaciones para el consumo de energía y para las emisiones atmosféricas (Blair, 1980; Wang y Chuang, 1987; Blair y Wyckoff, 1989; Rose y Chen, 1991; Han y Lakshmanan, 1994; Casler, 2001; Dietzenbacher y Sage, 2006).

Desde los años 90 del siglo XX, las aplicaciones del análisis Input-output a temas energéticos han sido básicamente dominadas por tres áreas (Miller y Blair, 2009):

1. Análisis más detallados de los flujos de energía y materiales en industrias complejas (Albino *et al.*, 2003; Giljum y Hubacek, 2004).
2. Análisis de las relaciones entre el uso de la energía y las cuestiones medioambientales en áreas como el cambio climático y el desarrollo sostenible (Lenzen *et al.*, 2004; Kratena y Schleicher, 1999; Zhang y Folmer, 1998; Jorgeson y Stiroh, 2000).
3. Análisis de los cambios en la estructura económica relacionados con el cambio de patrones del uso de la energía en las mismas (Kagawa y Inamura, 2004).

El análisis Input-output de la energía (y de otros vectores ambientales) ha sido también utilizado para la estimación de la variación del consumo total de recursos de una economía ante variaciones en los patrones de consumo final (Bezdek y Hannon, 1974; Hertwick, 2005; Takase *et al.,* 2005, entre otros). Esto puede vincularse al efecto rebote considerando que, cuando un cambio en la eficiencia reduce la factura energética, se produce un aumento del gasto en otros bienes y servicios, o alternativamente, se produce un mayor ahorro monetario, lo que llevaría a un aumento de la inversión, y por lo tanto a un aumento de la demanda final agregada en la economía.

La Tabla 7 muestra una recopilación de otros estudios centrados en análisis Input-output de la energía para el estudio y evaluación de cuestiones diversas, aparte de los que se han ido mencionando a lo largo de este apartado. La mayoría no están vinculados de manera directa con el efecto rebote, a pesar de ser relevantes para la discusión que se llevará a cabo posteriormente.

Tabla 7. Algunos estudios empíricos utilizando análisis Input-output de la energía y cuestión analizada.

Autor	País	Cuestión analizada
Folk y Hannon (1973)	EEUU	Relación energía-ocupación
Herendeen y Sebald (1973)	EEUU	Ocupación y energía para las opciones de los consumidores
Chapman *et al.* (1974)	Reino Unido	Combustibles
Hannon y Puleo (1974)	EEUU	Energía y ocupación para opciones de transporte
Wright (1974)	EEUU	Consumo de bienes y servicios
Pick y Becker (1975)	EEUU y Reino Unido	Política de materiales y optimización de sistemas
Denton (1975)	Alemania	Consumo de bienes y servicios
Wright (1975)	Reino Unido	Consumo de bienes y servicios
Pilati (1976)	EEUU	Suministro de electricidad y opciones de ahorro de energía
Hannon *et al.* (1978)	EEUU	Energía y ocupación en la construcción
Herendeen (1978)	Noruega	Consumo en los hogares
Al-Ali (1979)	Escocia	Consumo de bienes y servicios
Penner *et al.* (1979)	EEUU	Intensidades energéticas
Costanza (1980)	EEUU	Teoría energética del valor
Rogers (1980)	Canadá	Análisis del ciclo de vida de un sistema de calefacción solar
Herendeen *et al.* (1981)	EEUU	Consumo en los hogares
Proops (1984)	Diversos	Descomposición estructural y ratio energía-output
James *et al.* (1986)	Australia	Impacto de las tecnologías energéticas
Gowdy y Miller (1987)	EEUU	Descomposición estructural
Chen y Rose (1990)	Taiwán	Descomposición estructural
Peet (1993)	Nueva Zelanda	Intensidades energéticas
Weber y Fahl (1993)	Alemania	Consumo en los hogares
Chen y Wu (1994)	Taiwán	Electricidad
Lin y Polenske (1995)	China	Descomposición estructural

Nishimura *et al.* (1996)	Japón	Contenido material
Wier (1998)	Dinamarca	Descomposición estructural
Weber y Perrels (2000)	Diversos	Impactos del estilo de vida
Alcántara y Padilla (2003)	España	Sectores clave consumo de energía
Reinders *et al.* (2003)	11 Estados de la UE	Consumo en los hogares
Pachauri (2004)	India	Consumo en los hogares
Cohen *et al.* (2005)	Brasil	Consumo en los hogares

Fuente: Elaboración propia a partir de CSIRO (2005) y Kok *et al.* (2006).

Capítulo 5

Aspectos teóricos y metodológicos del efecto rebote indirecto

El efecto final de una mejora de eficiencia energética es muy complejo y difícil de cuantificar en su totalidad ya que se difunde por todo el sistema económico y social de modos muy diversos. En última instancia, las mejoras de eficiencia energética conllevan una serie de ajustes en precios y cantidades en todos los mercados de bienes y servicios que acaban afectando a la economía en su totalidad.

Así, por ejemplo, una mejora de eficiencia energética en la producción de acero llevará a una reducción de su coste final, lo que incrementará su demanda. Los consumidores finales se verían afectados, ya que esta mejora podría acabar aumentando el uso de vehículos privados en detrimento de otras formas de transporte, y por lo tanto, incrementar el consumo de gasolina. Además, a largo plazo, estos efectos producirían cambios en las costumbres sociales y otros aspectos culturales, así como cambios irreversibles difíciles de ser cuantificados empíricamente en su totalidad. A pesar de esta complejidad, como se mostrará, se pueden delimitar ámbitos de análisis y, bajo ciertas hipótesis, obtener aproximaciones del efecto rebote directo e indirecto que permitan indagar en sus mecanismos de funcionamiento. También se puede evidenciar la importancia que puede llegar a tener, con el objetivo de que sea tomado en consideración cuando se diseñan e implementan determinadas políticas públicas.

Como se ha mostrado en el capítulo anterior, el efecto rebote indirecto proviene de dos fuentes (Sorrell, 2007): la energía requerida para producir e implementar las tecnologías o medidas que mejoran la eficiencia energética, y el consumo de energía indirecto provocado por las propias mejoras. Estos últimos son los efectos indirectos producidos posteriormente a la aplicación de la medida. La primera tipología de efectos indirectos es específica para cada medida y debería incorporarse en la evaluación de medidas concretas de mejora de la eficiencia energética, mientras que la segunda tipología de efectos tiene una validez universal para cualquier tipo de tecnología o medida.

A continuación se desarrollan los principales aspectos teóricos y metodológicos del análisis Input-output de la energía, así como de la modelización *re-spending*, que servirían de base para la estimación del efecto rebote directo e indirecto.

5.1 Modelización Input-output de la energía

Los modelos Input-output de la energía se basan en el modelo desarrollado en el trabajo pionero de Leontief (1941), que proporciona un método de evaluación parcial, pero desde una perspectiva macroeconómica, de los impactos sobre los sectores productivos a causa de variaciones en la demanda final de una economía. A partir de datos estadísticos económicos, como los que se pueden encontrar en los sistemas de contabilidad nacional, estos modelos de análisis económico aplicado permiten la simulación de determinadas políticas y el análisis de sus repercusiones. Las bases teóricas se encuentran en el modelo Arrow-Debreu (Arrow y Debreu, 1954) y en la noción de equilibrio walrasiano (Walras, 1954).

5.1.1. El método Input-output para el análisis de las relaciones intersectoriales

El método de análisis Input-output es una adaptación de la teoría neoclásica del equilibrio general, desarrollada inicialmente para Walras a finales del siglo XIX y aplicada al estudio empírico de la interdependencia cuantitativa entre actividades económicas. El apoyo estadístico de estos modelos son las tablas Input-output. Esta técnica de análisis fue desarrollada por Wassily Leontief (1905-1999), que en 1973 obtuvo el premio Nobel de Economía por haberlas ideado y desarrollado. Las primeras tablas Input-output fueron presentadas en 1941 (Leontief, 1941) con la publicación de su obra: *The Structure of the American Economy.*

El modelo Input-output de Leontief (Leontief, 1936; 1941; Leontief *et al.*, 1953) es una representación abstracta de la tecnología que utilizan los sectores productivos de una economía, y especifica los requisitos de bienes, servicios y factores necesarios para producir cada bien. Está basado en las relaciones de interdependencia económica general existentes entre todas las actividades de una estructura económica. El modelo configura las relaciones entre las magnitudes económicas implicadas y, por lo tanto, proporciona una vía de análisis de los posibles efectos económicos de cambios en determinadas magnitudes, consideradas exógenas al modelo, sobre las restantes variables económicas endógenas.

5.1.1.1. La base estadística: les tablas Input-output

Las tablas Input-output son una pieza básica en la construcción de los Sistemas de Contabilidad Nacional (SCN), tal y como reconocen los manuales de Naciones Unidas de Cuentas Nacionales (SNA-93) y el Sistema Europeo de Cuentas Nacionales y Regionales 1995 (SEC -95).

Las tablas permiten aproximar las principales macromagnitudes que definen una economía, como el Producto Interior Bruto (PIB), el Valor Añadido Bruto (VAB), las rentas generadas (salarios y excedente bruto de explotación) y los diversos conceptos que constituyen la demanda agregada de una economía (consumo privado, consumo público, inversión y demanda exterior). En las tablas están estimadas todas estas magnitudes estableciendo un equilibrio entre los recursos totales de los que dispone la economía y los usos que hace de los mismos. El cierre contable que conlleva este equilibrio dota de coherencia a las estimaciones. Es una matriz de doble entrada de las relaciones económicas de una región económica durante un periodo de tiempo determinado, generalmente un año.

5.1.1.2. Modelo simplificado de demanda de Leontief [2]

A continuación se expone matemáticamente el modelo simplificado de demanda de Leontief, así como los supuestos implícitos que incorpora. Esta es la versión más simple y, por lo tanto, la que incorpora más hipótesis y está más alejada de la realidad. Las principales hipótesis de partida son las que se muestran a continuación:

- Cada rama productiva (o sector) produce un solo producto.
- Hay el mismo número de ramas suministradoras de productos que utilizadoras de los mismos. Debe existir una correspondencia entre el número total de productos empleados en los procesos de producción y el número de sectores que los elaboran.
- Los coeficientes técnicos son constantes. Un coeficiente técnico es la

---

[2] Para una mayor profundización en el análisis Input-output y en el modelo de Leontief, ver Miller y Blair (2009) y Pulido (1993), entre otros.

cantidad necesaria de un bien, expresada en unidades monetarias, para producir una unidad de otro bien, dentro de un proceso de producción. Estos se definirán matemáticamente más adelante.
- Hay exogeneidad en las alteraciones de la demanda final o del valor añadido bruto (VAB). Este supuesto implica que tanto la demanda final (que es la que no se corresponde a las demandas intermedias entre sectores), como los VAB de cada rama no son explicadas dentro del modelo sino que son consideradas como variables exógenas. Una alteración de estas variables permite obtener una medida de impacto económico u otros indicadores.

La notación que se utilizará es la siguiente:

x_{ij} = Flujo del sector i (suministrador) al sector j (utilizador).

x_i = Producción total del sector i.

y_i = Demanda final del sector i.

i, j = 1, 2, ..., n, siendo n el número de sectores considerados.

La tabla Input-output en sus relaciones por filas puede expresarse como:

$$x_1 = x_{11} + x_{12} + ... + x_{1n} + y_1$$
$$x_2 = x_{21} + x_{22} + ... + x_{2n} + y_2$$
$$\dots\dots\dots\dots\dots\dots\dots\dots\dots\dots\dots\dots \quad (28)$$
$$x_n = x_{n1} + x_{n2} + ... + x_{nn} + y_n$$

Este sistema de ecuaciones muestra cómo la producción total de un sector se puede representar matemáticamente como la suma de las demandas intermedias que le realizan el resto de sectores más su propia demanda final, que de manera simplificada, corresponde principalmente al consumo de los hogares, al gasto público, a las inversiones y a las exportaciones. En forma matricial desarrollada, también se puede expresar como:

$$\begin{bmatrix} x_1 \\ x_2 \\ \vdots \\ x_n \end{bmatrix} = \begin{bmatrix} x_{11} & x_{12} & \cdots & & 1 \\ x_{21} & x_{22} & \cdots & & 1 \\ \cdots\cdots\cdots\cdots\cdots\cdots\cdots \\ x_{n1} & x_{n2} & \cdots & & 1 \end{bmatrix} + \begin{bmatrix} y_1 \\ y_2 \\ \vdots \\ y_n \end{bmatrix} \qquad (29)$$

Que se puede resumir en la notación:

$$x = Xi + y \qquad (30)$$

donde x es el vector columna de producción de los sectores económicos; X es la matriz de transacciones interindustriales; i es el vector columna de n elementos unitarios y y representa el vector columna de demanda final sectorial.

De manera análoga a la expresión (28), y considerando g_i como el valor añadido del sector i, las relaciones en columnas se pueden expresar para cualquier sector j como:

$$x_j = x_{1j} + x_{2j} + \ldots + x_{nj} + g_j \qquad (31)$$

Lo que significa que la producción de cada sector también es igual a la suma de las demandas intermedias que éste realiza al resto de sectores (es decir, a sus inputs productivos) más su valor añadido, el cual, de manera simplificada, estaría integrado por los salarios, los excedentes de explotación y los impuestos.

En términos matriciales, y análogamente a la expresión (29):

$$\begin{bmatrix} x_1 & x_2 & \cdots & & \end{bmatrix} \cdots \begin{bmatrix} x_{11} & x_{12} & \cdots & \\ x_{21} & x_{22} & \cdots & \\ \cdots\cdots\cdots\cdots\cdots \\ x_{n1} & x_{n2} & \cdots & \end{bmatrix} \cdots \qquad (32)$$

es decir:
$$x' = i'X + g' \qquad (33)$$

Por último, hay que considerar como la igualdad entre la suma de las demandas finales sectoriales y la suma de los valores añadidos, representan dos formas alternativas de cálculo del Producto Interior Bruto (PIB):

$$y_1 + y_2 + \ldots + y_n = g_1 + g_2 + \ldots + g_n \qquad (34)$$

o en notación matricial:
$$i'y = i'g \qquad (35)$$

A partir de estas relaciones generales, el modelo simplificado de Leontief incluye la hipótesis simplificadora de que la producción de cada sector necesita unas cantidades fijas tanto de productos intermedios suministrados por otros sectores como de inputs primarios. Por lo tanto, las proporciones de inputs inicialmente utilizadas por los sectores son invariables. De este modo, se pueden definir unos coeficientes técnicos para los productos intermedios:

$$a_{ij} = x_{ij} / x_j \qquad (36)$$

El modelo representado en la expresión (28), que corresponde a las relaciones intersectoriales analizadas por filas, ahora se puede expresar como:

$$\begin{aligned} x_1 &= a_{11}x_1 + a_{12}x_2 + \ldots + a_{1n}x_n + y_1 \\ x_2 &= a_{21}x_1 + a_{22}x_2 + \ldots + a_{2n}x_n + y_2 \\ &\ldots\ldots\ldots\ldots\ldots\ldots\ldots\ldots\ldots\ldots\ldots\ldots \\ x_n &= a_{n1}x_1 + a_{n2}x_2 + \ldots + a_{nn}x_n + y_n \end{aligned} \qquad (37)$$

O en términos matriciales:

$$\begin{bmatrix} x_1 \\ x_2 \\ \vdots \\ x_n \end{bmatrix} = \begin{bmatrix} a_{11} & a_{12} & \cdots & \cdots \\ a_{21} & a_{22} & \cdots & \cdots \\ \cdots\cdots\cdots\cdots\cdots\cdots \\ a_{n1} & a_{n2} & \cdots & \cdots \end{bmatrix} \begin{bmatrix} x_1 \\ x_2 \\ \vdots \\ x_n \end{bmatrix} + \begin{bmatrix} y_1 \\ y_2 \\ \vdots \\ y_n \end{bmatrix} \quad (38)$$

Es decir:

$$x = Ax + y \quad (39)$$

o bien, siendo I la matriz unitaria:

$$x = (I - A)^{-1} y \quad (40)$$

La matriz $(I - A)^{-1}$ es la denominada "matriz inversa de Leontief". La solución que presenta la ecuación (40) es la nueva producción que alcanzan los diferentes sectores productivos ante una nueva demanda final y.

A partir de la expresión (40) y denominando los elementos de la matriz inversa de Leontief α_{ij}, la producción de un sector i se puede calcular como:

$$x_i = \alpha_{i1} y_1 + \alpha_{i2} y_2 + \ldots + \alpha_{in} y_n \quad (41)$$

Los elementos α_{ij} indican, por lo tanto, la cantidad adicional producida por el sector i si la demanda final del sector j se incrementa en una unidad, es decir, recogerá los efectos directos más los indirectos de un incremento de la demanda de un sector. Entonces, los elementos α_{ij} serán mayores que la unidad, dado que recogerán el efecto directo del incremento en la demanda sobre la producción de su propio sector más los efectos inducidos sobre otros sectores por necesidades adicionales de llevar a cabo su producción.

El efecto final de un incremento de una unidad en la demanda final del sector j (Δy_j) sobre todos los sectores vendrá dado por la suma de los elementos de la columna j-ésima de la matriz inversa de Leontief, y se denomina multiplicador de la producción del sector. También es conocido como "coeficiente de arrastre", midiendo los denominados encadenamientos hacia atrás (*backward linkages*):

$$O_j = \sum_i \alpha_{ij} \qquad (42)$$

Este indicador representa la capacidad directa e indirecta de repercusión de un choque producido en la demanda final de un sector sobre el resto de la economía, y tiene un valor mayor o igual a la unidad.

Por otra parte, se puede medir el efecto sobre la producción de un sector económico *i* después de un incremento unitario de la demanda final en todos los sectores. Estos son conocidos como "coeficientes de impulso" y miden los encadenamientos hacia adelante (*forward linkages*):

$$O_i^* = \sum_j \alpha_{ij} \qquad (43)$$

5.1.2. El análisis Input-output de la energía y la determinación de los sectores clave en el consumo de energía

En este apartado se desarrolla un modelo Input-output del consumo de energía a partir del modelo que Proops (1988) desarrolló para la energía y Alcántara y Roca (1995) y Alcántara (1995) para los contaminantes atmosféricos. Este modelo muestra diversos aspectos de las relaciones entre el entorno productivo y el medio natural.

El modelo propuesto evidencia las relaciones estructurales entre la actividad productiva y el consumo de energía, mediante la vinculación de una matriz de consumos sectoriales de energía con una tabla Input-output. Un modelo de este tipo, o derivaciones más complejas del mismo, se pueden utilizar para estimar el efecto rebote indirecto, tanto los del primer tipo (LCA) como los efectos secundarios de las mejoras de eficiencia energética.

A partir del marco de análisis Input-output expuesto en el apartado anterior y una matriz de consumos energéticos sectoriales se pueden establecer vectores de intensidades energéticas para una economía, en términos de unidades de energía en relación a las unidades monetarias. De modo genérico se puede expresar:

$$E = \frac{e}{x} \tag{44}$$

Donde e es el vector de consumo total de energía de las diferentes fuentes energéticas, y x es el vector de producciones sectoriales.

$$E = (E_{gj})_{mxn} \quad \begin{array}{l} j = 1, 2, ..., n \\ g = 1, 2, ..., m \end{array} \tag{45}$$

Cada elemento E_{gj} expresa el consumo de energía del sector j procedente de las diversas fuentes energéticas del tipo g en términos físicos, por unidad de output en términos monetarios. Por lo tanto, de la expresión (44) se deriva que la matriz E representa un conjunto de coeficientes económico-ambientales, tales que cumplan la siguiente relación:

$$Ex = e \tag{46}$$

Substituyendo x por la expresión (40) del modelo de Leontief desarrollado en el apartado anterior, se obtiene la siguiente expresión:

$$e = E(I - A)^{-1} y \tag{47}$$

donde A es la matriz de coeficientes técnicos, la expresión $(I - A)^{-1}$ es la matriz inversa de Leontief y y representa el vector de demanda final sectorial. Aislando la siguiente matriz de la expresión anterior, que llamamos F:

$$F = E(I - A)^{-1} \tag{48}$$

Se obtiene un operador lineal que transforma un incremento de la demanda final en un incremento del vector de consumos energéticos.

En analogía a los indicadores α_{ij} obtenidos en el desarrollo del modelo de demanda de Leontief, cada elemento de esta matriz F_{ij} representa la cantidad de energía adicional consumida por el sector i cuando la demanda final del sector j se incrementa en una unidad, recogiendo tanto los efectos directos como los indirectos, y por lo tanto, mostrando el potencial de arrastre del sector j en el consumo de energía.

Del mismo modo que en el modelo de demanda de Leontief, el efecto final en el consumo de energía sobre todos los sectores de un incremento de una unidad en la demanda final del sector j vendrá dado por la suma de los elementos de la columna j-*ésima* de la matriz inversa de Leontief premultiplicada por la matriz de coeficientes de intensidades energéticas.

Estos se pueden denominar "coeficientes de arrastre en el consumo de energía" y, en analogía a los del modelo productivo de Leontief, miden los denominados encadenamientos hacia atrás (*backward linkages*):

$$F_{gj} = \sum_i E_{gi} \alpha_{ij} \qquad (49)$$

Por otra parte, teniendo en cuenta que en modelo de demanda de Leontief $\sum_j \alpha_{ij}$ es el incremento de la producción del sector y para poder satisfacer un incremento unitario de la demanda final de todos los sectores económicos, como muestra la ecuación (43), se puede establecer análogamente la siguiente expresión:

$$F_{gi}^* = E_{gi} \sum_j \alpha_{ij} \qquad (50)$$

Esta expresión representa la energía consumida por el sector y de la fuente g, ante un incremento unitario de la demanda final de todos los sectores. Este indicador se puede denominar como "coeficiente de impulso en el consumo de energía", y mediría la presión que ejerce el sistema productivo sobre un sector determinado en términos energéticos (*forward linkages*).

Un aspecto interesante para la estimación del efecto rebote indirecto es la determinación de los sectores clave en el consumo de energía en la economía (Alcántara y Padilla, 2003). Estos serían los sectores que tienen una mayor capacidad de arrastre o de impulso en relación al resto, ante un incremento de su demanda final. Los coeficientes de Rasmussen (Rasmussen, 1956) para la determinación de los sectores clave en una economía han sido ampliamente utilizados en política económica, pero en menor medida para cuestiones medioambientales (Pajuelo, 1980; Alcántara, 1995 y Alcántara y Padilla, 2003).

Partiendo de los resultados anteriores obtenidos, F_{gj} representa el total de energía g consumida de todo el sistema económico para la obtención de una unidad de demanda final del sector j. Por otra parte, F_{gi}^* expresa el consumo de energía g del sector y cuando se produce un incremento uniforme de la demanda final de todos los sectores productivos. A partir de estos conceptos se pueden obtener las medias que muestran las expresiones (51) y (52).

$$\frac{1}{n}F_{gj} \qquad j=1,2,...,n \qquad (51)$$

Esta puede interpretarse como una estimación del consumo total de la energía g (directo e indirecto) que un sector, elegido al azar, generaría si la demanda final del sector j experimentara un incremento.

Por otra parte:

$$\frac{1}{n}F_{gi}^* \qquad j=1,2,...,n \qquad (52)$$

Que puede interpretarse como una estimación del incremento medio del consumo de energía por parte por parte del sector y, que genera el incremento de la demanda final de otro sector.

Para establecer las relaciones interindustriales, a continuación se normalizan las medias obtenidas en relación a la media total:

$$\frac{1}{n^2}\sum_j F_{gj} = \frac{1}{n^2}\sum_i F_{gi}^* \qquad (53)$$

A continuación se puede construir una nueva expresión:

$$\mu_j = \frac{\frac{1}{n}F_{gj}}{\frac{1}{n^2}\sum_j F_{gj}} \qquad (54)$$

La ecuación (54) representa el coeficiente de arrastre relativo al consumo de energía g, es decir, muestra el peso que el sector j tiene dentro de la totalidad del sistema económico en términos de consumo de una determinada fuente energética.

Por otra parte, para la otra media obtenida también se puede desarrollar un indicador análogo, como el que se muestra a continuación:

$$\lambda_i = \frac{\frac{1}{n}F_{gi}^*}{\frac{1}{n^2}\sum_i F_{gi}^*} \qquad (55)$$

La expresión (55) define el coeficiente de impulso relativo al consumo de la fuente de energía g. Expresa el impacto relativo que tendrá un incremento unitario de la demanda final de todos los sectores económicos sobre el consumo de energía del sector y.

A partir de estos dos indicadores se puede establecer una clasificación de la importancia relativa en el consumo de energía de los diferentes sectores de una economía, atendiendo tanto a su capacidad de consumo relativo directo como proveedor de insumos, como a su poder de arrastre en el consumo de energía como demandante de insumos.

Así, que si $\mu_j > 1$, la industria j tiene un peso relativo mayor que la media de los sectores en el consumo total (directo e indirecto) de energía que realiza toda la economía. Por otra parte, si $\lambda_i > 1$, frente a un incremento uniforme de la demanda final de todos los sectores de la economía, el sector i incrementará su consumo de energía en mayor medida que la media. Para los sectores que se encuentren en los casos: $\mu_j < 1$ y $\lambda_i < 1$ sucede lo contrario.

A partir de estas consideraciones se puede establecer una clasificación de los sectores económicos, estableciendo su importancia relativa en el consumo total de energía (ver Tabla 8).

Tabla 8. Clasificación de los sectores económicos según su importancia en el consumo de energía, atendiendo a los coeficientes de Rasmussen

	$\mu_j > 1$	$\mu_j < 1$
$\lambda_i > 1$	**Sectores clave**	Sectores significativos desde la perspectiva de su demanda final
$\lambda_i < 1$	Sectores relevantes para la demanda de otros sectores	Sectores poco relevantes

Fuente: Elaboración propia a partir de Alcántara (1995) y de Alcántara y Padilla (2003).

Como se observa en la Tabla 8, se pueden clasificar los sectores económicos en cuatro categorías diferentes atendiendo a su importancia en el consumo de energía dentro del sistema.

Como se verá en el apartado 5.2, la determinación de los sectores clave en el consumo de energía puede resultar relevante cuando se valora el potencial del efecto rebote indirecto. Este resultará menor o mayor en función de hacia qué sectores económicos se destine la nueva demanda derivada de la renta monetaria liberada por la mejora de eficiencia energética producida en los hogares.

5.2 Modelización *re-spending*

5.2.1. Efectos de las mejoras de eficiencia sobre los patrones de consumo final de los hogares y métodos de estimación

A nivel teórico se puede argumentar que una mejora de la eficiencia energética en los hogares produciría, *ceteris-paribus*, una modificación de los patrones de consumo. Una reducción del coste de los servicios energéticos por la mejora de eficiencia incrementaría la demanda del propio servicio energético, como se ha argumentado ampliamente, pero también incrementaría la demanda de aquellos bienes y servicios considerados complementarios, es decir, aquellos que tienen una elasticidad cruzada de la demanda menor que cero ($\eta_C(S)<0$). Por otra parte se produciría una reducción de la demanda de aquellos bienes y servicios que son considerados sustitutivos, es decir, aquellos que tienen una elasticidad cruzada de la demanda mayor que cero ($\eta_C(S)>0$).

En un desarrollo análogo al del apartado 3.3, y manteniendo las hipótesis de simetría y exogeneidad, se pueden considerar las elasticidades cruzadas entre el precio de la energía y la demanda de los bienes y servicios de una economía, para determinar empíricamente cómo variarían estas demandas ante una mejora de la eficiencia energética en un ámbito concreto. Alternativamente, una vez conocida la renta liberada por el menor gasto monetario en energía (por la mejora de eficiencia), se pueden estimar las diferentes elasticidades renta de los bienes y servicios, para observar cómo se modificaría la demanda final de los hogares ante este incremento de la renta disponible.

A partir de métodos econométricos se pueden obtener tanto las elasticidades cruzadas de la demanda de los bienes y servicios de una economía en relación al precio de los servicios energéticos, como las elasticidades renta de los mismos. Esto se puede hacer de distintas maneras. Una de las vías utilizadas en la literatura es a partir de la especificación de modelos uniecuacionales de demanda de bienes y servicios, que incorporen el coste del servicio energético que ha mejorado la eficiencia (o bien, el precio de la energía, bajo las hipótesis de simetría y exogeneidad) y la renta.

Genéricamente, la demanda de un bien podría expresarse como:

$$x_i = f(p_i, p_s, p_{j...n}, y, z_i) \qquad (56)$$

Donde x_i es la cantidad demandada de un bien o servicio, p_i es el precio del bien o servicio, p_s es el coste del servicio energético o de la energía, $p_{j...n}$ es el precio del resto de bienes y servicios de la economía, y es la renta de los hogares y z_i son otros factores específicos que afectan a la demanda del bien i.

Una vía más completa que la anterior, para la consideración de más factores que afectan a la demanda y que están interrelacionados, es realizar la especificación y estimación simultánea de un modelo multiecuacional de las mismas características.[3]

$$\begin{aligned}
x_i &= f(p_i, p_s, p_{j...n}, y, z_i) \\
x_k &= f(p_k, p_s, p_{j...n}, y, z_k) \\
&\vdots \\
x_m &= f(p_m, p_s, p_{j...n}, y, z_m)
\end{aligned} \qquad (57)$$

En un contexto de estimación conjunta de sistemas de ecuaciones toman

---

[3] Los resultados proporcionados por los métodos de estimación de sistemas de ecuaciones proporcionan estimadores más robustos que los métodos tradicionales de estimación de funciones uniecuacionales.

especial relevancia los AIDS (*Almost Ideal Demand System*) (Deaton y Muellbauer, 1980), traducidos como "sistemas de demanda casi ideales"

Como mencionan los mismos Deaton y Muellbauer (1980), estos sistemas proporcionan una aproximación arbitraria de primer orden a cualquier sistema de demanda, satisfacen con exactitud los axiomas de elección, agregan perfectamente los consumidores sin necesidad de invocar curvas lineales de Engel, tienen una forma funcional que es consistente con datos de presupuestos de los hogares, son simples de estimar, en gran medida evitan la necesidad de estimación no lineal y pueden ser utilizados para testar condiciones de homogeneidad y simetría a través de restricciones lineales en los parámetros fijados. Aunque muchas de estas propiedades deseables las poseen los modelos de Rotterdam (Theil, 1965) o los translogarítmicos (Christensen *et al.*, 1975; Jorgenson y Lau, 1975), ninguno de ellos las posee todas simultáneamente.

A pesar de la idoneidad teórica de estos modelos, su utilización a nivel empírico requiere muchos datos que no siempre están disponibles, ni para todas las variables que deben considerarse, ni para los niveles de desagregación utilizados, etc. Sin embargo, es posible, a partir de la elasticidad precio de la demanda del propio servicio energético o de la energía, es decir, lo que se ha considerado como efecto rebote directo, determinar la reacción de los hogares ante un incremento en la eficiencia energética y, por lo tanto, la variación en el consumo del propio servicio energético.

De este modo, a partir de un presupuesto dado, se puede calcular el ahorro monetario producido por una mejora de la eficiencia energética en un ámbito determinado y redistribuirlo entre el resto de bienes y servicios a partir de la recreación de escenarios. Este efecto es denominado *re-spending* en la literatura (Sanne, 2000; Chalkley *et al.*, 2001; Alfredsson, 2004; Druckman *et al.*, 2010; Freire-González, 2011; Thomas y Azevedo, 2013a; Thomas y Azevedo, 2013b; Chitnis *et al.*, 2013; Antal y van den Bergh, 2014). En este contexto, y a través de la determinación de escenarios, se pueden contemplar múltiples opciones de redistribución de la renta liberada, con múltiples efectos sobre el consumo total de energía. Una correcta interpretación de los modelos, escenarios y resultados traería, no tanto a estimaciones precisas del efecto rebote indirecto, como a un análisis desmenuzado de los efectos indirectos a nivel macroeconómico, provocados por la mejora de la eficiencia energética en los hogares. La renta liberada se vehicularía hacia nuevo consumo o ahorro. Adicionalmente, se puede modelizar el comportamiento de los hogares entre consumo y ahorro (dotando de mayor realismo a los modelos), o simplemente considerar una economía cerrada y estática donde el ahorro es igual a la inversión, y que por lo tanto todos los ahorros acabarían impulsando la propia economía en forma de gasto final o inversión.

5.2.2. Modificación exógena en los patrones de consumo en los hogares

A continuación se muestra la formalización del efecto rebote directo e indirecto de una modificación de los patrones de consumo de los hogares, independientemente de cuál sea la causa que ha provocado su modificación. Los desarrollos que se presentan en este apartado son una adaptación propia de los que aparecen en Druckman *et al.* (2010), con la incorporación del modelo Input-output de la energía desarrollado en el apartado anterior.

A continuación se muestra una ecuación que define el efecto rebote en este contexto. Este se puede expresar como:

$$\text{ER} = \frac{\text{Ahorros calculados - Ahorros reales}}{\text{Ahorros calculados}} \qquad (58)$$

Si los ahorros calculados sin tener en cuenta el efecto rebote son ΔH y el consumo de energía adicional para el efecto rebote directo y el efecto *re-spending* en otros bienes y servicios es ΔE, la variación en el consumo de energía se puede representar como:

$$\text{ER} = \frac{\Delta H - (\Delta H - \Delta E)}{\Delta H} = \frac{\Delta E}{\Delta H} \qquad (59)$$

Por otra parte, se puede definir el incremento del consumo de energía por el efecto rebote directo y el efecto *re-spending* como:

$$\Delta E = \sum_{i=1}^{n} u_i \Delta x_i p_i + u_s \Delta s \qquad (60)$$

Donde u_i y u_s serían los operadores que transformarían los incrementos de gasto y ahorro monetarios en consumo energético. En el marco metodológico desarrollado, u_i sería el operador F del modelo Input-output de la energía, obtenido en la ecuación (48).

Partiendo de la siguiente situación de equilibrio en los hogares:

$$y = x_s p_s + \sum_{i=1}^{n} x_i p_i + s \qquad (61)$$

Donde y es la renta de los hogares o el presupuesto total; x_s es la cantidad del servicio energético (o de energía); p_s es el precio de la energía; x_i la cantidad del bien o servicio i; p_i es el precio del bien o servicio i, y s es el ahorro de los hogares.

La ecuación (61) se puede expresar del siguiente modo:

$$\Delta y = \Delta x_s p_s + \sum_{i=1}^{n} \Delta x_i p_i + \Delta s \qquad (62)$$

A continuación, se define una propensión marginal a ahorrar (r) como:

$$r = \Delta s / \Delta y \qquad (63)$$

De esta expresión se obtiene la proporción de renta ahorrada:

$$\Delta s = r \Delta y \qquad (64)$$

De las ecuaciones (62) y (64), se obtiene:

$$\Delta y = \Delta x_s p_s + \sum_{i=1}^{n} \Delta x_i p_i + r\Delta y$$

$$\Delta y - r\Delta y = \Delta x_s p_s + \sum_{i=1}^{n} \Delta x_i p_i$$

$$(1-r)\Delta y = \Delta x_s p_s + \sum_{i=1}^{n} \Delta x_i p_i \qquad (65)$$

Se puede considerar la variación del gasto en un bien o servicio en función de la variación de la renta, a través de la elasticidad renta del gasto $\eta_y(x_i p_i)$:

$$\eta_y(x_i p_i) = \frac{\Delta x_i p_i}{\Delta y} \frac{y}{x_i p_i} \qquad (66)$$

Entonces:

$$\Delta x_i p_i = \eta_y(x_i p_i) \frac{\Delta y}{y} x_i p_i \qquad (67)$$

Sustituyendo la expresión (67) en la ecuación (65) se obtiene la siguiente expresión:

$$(1-r)\Delta y = \Delta x_s p_s + \sum_{i=1}^{n} \eta_y(x_i p_i) \frac{\Delta y}{y} x_i p_i \qquad (68)$$

Aislando y:

$$y = \frac{\sum_{i=1}^{n} \eta_y(x_i p_i) x_i p_i \Delta y}{(1-r)\Delta y - \Delta x_s p_s} \qquad (69)$$

Sustituyendo esta expresión en la ecuación (67):

$$\Delta x_i p_i = \eta_y(x_i p_i) \frac{(1-r)\Delta y - \Delta x_s p_s}{\sum_{i=1}^{n} \eta_y(x_i p_i) x_i p_i} x_i p_i \quad (70)$$

Utilizando esta expresión y las ecuaciones (60) y (64), se obtiene la siguiente expresión definidora del incremento del consumo de energía por el efecto *re-spending*:

$$\Delta E = \left(\frac{(1-r)\Delta y - \Delta x_s p_s}{\sum_{i=1}^{n} \eta_y(x_i p_i) x_i p_i} \right) \sum_{i=1}^{n} u_i \eta_y(x_i p_i) x_i p_i + u_s r \Delta y \quad (71)$$

Entonces se puede calcular el efecto rebote a partir de la expresión (59), como:

$$\text{ER} = \frac{\Delta E}{\Delta H} = \frac{1}{\Delta H} \left(\frac{(1-r)\Delta y - \Delta x_s p_s}{\sum_{i=1}^{n} \eta_y(x_i p_i) x_i p_i} \right) \sum_{i=1}^{n} u_i \eta_y(x_i p_i) x_i p_i + u_s r \Delta y$$
(72)

La expresión (72) muestra el cálculo del efecto rebote directo e indirecto estático a partir de:

1. Los ahorros de energía inicialmente estimados, sin tener en cuenta el efecto rebote (ΔH).
2. El ahorro monetario de renta disponible (Δy), producido por la mejora de eficiencia en un servicio energético concreto en los hogares.
3. La propensión marginal a ahorrar (r), que es una variable exógena que se tendría que estimar al realizar estimaciones. El tratamiento que se le

da en el modelo desarrollado podría producir un sesgo en las estimaciones del efecto rebote indirecto. Esto se debe a que se supone que todo lo que se ahorra no genera efecto rebote.

Dado que este ahorro terminaría en un incremento de la inversión agregada, que supondría mayor gasto en bienes y servicios, dilatada en el tiempo y/o en otras regiones o países, no se debería restar para el cálculo del efecto rebote, sino darle un tratamiento específico dentro del modelo que muestre qué efecto rebote produce la parte del incremento de renta que se ahorra y donde lo genera.

4. El gasto en bienes y servicios ($x_i p_i$) y el gasto en energía ($x_s p_s$), es el que conforma el patrón de consumo de los hogares. La variable ($x_i p_i$) es determinada exógenamente.

5. Finalmente, la elasticidad renta del gasto de los diferentes bienes y servicios ($\eta_y(x_i p_i)$), determina la variación del gasto en estos al incrementarse la renta disponible de los hogares, por una mejora de la eficiencia.

5.2.3. Modificación en los patrones de consumo en los hogares inducida por una mejora de la eficiencia energética

En este apartado a diferencia del anterior, se ha introducido la mejora de eficiencia en los modelos, haciendo que la modificación en los patrones de consumo dependa de la mejora de eficiencia considerada y de las hipótesis sobre la redistribución de la renta.

De este modo, se presenta un modelo que permite obtener estimaciones del efecto rebote directo e indirecto estáticos a partir de estimaciones del efecto rebote directo. Este modelo contiene dos submodelos: un modelo Input-output de la energía y un modelo *re-spending*. En el contexto de la modelización *re-spending* expuesta en el apartado anterior, se parte de la siguiente situación de equilibrio:

$$y = x_E p_E + \sum_{i=1}^{n} x_i p_i + s \qquad (73)$$

donde y es la renta de los hogares o el presupuesto total; x_E es la cantidad del servicio energético (o de energía); p_E es el precio de la energía o del servicio energético; x_i la cantidad del bien o servicio i; p_i es el precio del bien o servicio i, y s es el ahorro.

Suponiendo que la renta, el precio de la energía y el ahorro se mantienen constantes, se puede expresar el modelo aislando el nuevo gasto del resto de gasto bienes y servicios:

$$\sum_{i=1}^{n} x_i' p_i = y - x_E' p_E - s \qquad (74)$$

También se puede expresar como:

$$\sum_{i=1}^{n} x_i' p_i = y - \left(x_E + \Delta x_E\right) p_E - s \qquad (75)$$

$$\sum_{i=1}^{n} x_i' p_i = y - \left(1 + \frac{\Delta x_E}{x_E}\right) x_E p_E - s \qquad (76)$$

La ecuación (76) es la ecuación general de equilibrio para el cálculo del gasto que realizan el resto de sectores económicos ante una variación del gasto monetario en el sector energético. A partir de esta se pueden determinar multitud de escenarios de gasto del resto de sectores que contemplen este equilibrio.

Dado que se realiza la hipótesis de que la variación del gasto de los hogares en el sector energético viene dada por la mejora de eficiencia y el efecto rebote directo correspondiente, a continuación se muestran los desarrollos que permiten expresar el modelo en estos términos.

La expresión (15) del capítulo 3, dedicado a los desarrollos metodológicos del efecto rebote directo, muestra como, bajo las hipótesis de exogeneidad y simetría, se puede estimar el efecto rebote directo de un servicio energético a partir de la elasticidad precio de la demanda de energía, a partir de la relación:

$$\eta_\varepsilon(E) = -\eta_{P_S}(x_s) - 1 \qquad (77)$$

Dado que la propia definición del efecto rebote es:

$$\eta_\varepsilon(E) = \frac{\Delta x_E}{\Delta \varepsilon} \frac{\varepsilon}{x_E} \qquad (78)$$

Se puede aislar la variación porcentual del consumo de energía, quedando la expresión:

$$\frac{\Delta x_E}{x_E} = \eta_\varepsilon(E) \frac{\Delta \varepsilon}{\varepsilon} \qquad (79)$$

Incorporando la variación porcentual de la ecuación (79) en la ecuación (76) y sustituyendo la elasticidad eficiencia energética de la demanda de energía por la expresión (77), queda la ecuación:

$$\sum_{i=1}^{n} x_i' p_i = y - \left[1 + \left(-\eta_{P_S}(x_s) - 1\right)\frac{\Delta \varepsilon}{\varepsilon}\right] x_E p_E - s \qquad (80)$$

A partir de esta ecuación y bajo las hipótesis consideradas para la estimación del efecto rebote directo a partir de elasticidades precio, se pueden construir *escenarios re-spending* a partir del efecto rebote directo para el consumo de energía y de la variación porcentual de eficiencia energética, que reflejen nuevos patrones de consumo. Estos deben ser tales que la suma del nuevo gasto en cada uno de los bienes y servicios $\left(\sum_{i=1}^{n} x_i' p_i\right)$ cumpla las condiciones establecidas en la ecuación (80).

Capítulo 6
El efecto rebote y las políticas de eficiencia energética

6.1. Introducción

Las mejoras de eficiencia energética resultan clave en la estrategia para reducir el consumo energético en muchos países y afrontar el calentamiento global. Esto se fundamenta en la creencia de que una mejora de la eficiencia lleva a un consumo menor y, en consecuencia, reduce las emisiones de gases de efecto invernadero. Los gobiernos dedican muchos esfuerzos a este tipo de políticas como parte de la solución de los problemas energéticos y ambientales, tanto para el sector productivo como los hogares. Tal como se ha mostrado, estas ganancias de eficiencia inducidas en gran parte por el progreso tecnológico, han contribuido en última instancia a potenciar el crecimiento económico más que a reducir el consumo de recursos. La promoción de la eficiencia sin medidas adicionales, no conlleva necesariamente un ahorro neto. En política energética es necesario incluir estas medidas en un contexto más amplio, que contemple una planificación cuidadosa con medidas adicionales para minimizar el efecto rebote. Esto implica una finalidad y voluntad explícitas de reducir el consumo de recursos y las emisiones contaminantes cuando se diseñan e implementan.

A pesar del reciente interés de organismos como la Comisión Europea para comenzar a considerarlo y evitarlo (Maxwell *et al.* 2011), el efecto rebote es raramente tenido en cuenta en los análisis oficiales sobre ahorros energéticos potenciales de las mejoras en eficiencia. Una excepción es la política para mejorar el aislamiento térmico de los hogares en el Reino Unido. En esta se contempla la posibilidad de que algunos de los beneficios potenciales de la medida se traduzcan en mayores temperaturas internas, más que en reducir el consumo energético (DEFRA, 2007). Sin embargo, el efecto rebote directo es generalmente ignorado, en la mayoría de ocasiones por desconocimiento del mismo. También son desconocidos los potenciales efectos indirectos y sobre toda la economía que puede llegar a suponer.

El hecho de no considerar el efecto rebote, además de producir políticas inefectivas en términos de los resultados alcanzados implica un elevado coste de oportunidad, por el hecho de estar dedicando unos recursos públicos a medidas que podrían estar produciendo efectos indeseados. En este sentido, es necesario realizar análisis ex-post de las políticas para observar su efectividad real alcanzada.

En la primera parte del libro, dedicada al efecto rebote directo se muestra como políticas tecnológicas de eficiencia energética que provocan un efecto rebote directo elevado requieren un control adicional sobre otras variables como los precios de la energía, ya sea a través de medidas de fiscalidad ambiental u otros que se mostrarán a continuación. Aunque el efecto rebote no resultara en *backfire*, la utilización de instrumentos de fiscalidad ambiental o de control de otras variables permitiría aprovechar al máximo los ahorros potenciales derivados de una mejora de la eficiencia y evitar efectos indirectos. Como se deriva de la segunda parte, sobre el efecto rebote indirecto, aunque haya un efecto rebote directo bajo, el efecto *re-spending* de los ahorros monetarios alcanzados podrían conducir a un efecto rebote indirecto mayor. Por ello, estos casos, ilustran también la importancia de las políticas de control del efecto rebote para aprovechar al máximo las potencialidades de una mejora de la eficiencia.

Es necesario re-evaluar desde esta perspectiva determinadas medidas que se están implementando actualmente en muchos países para mejorar la eficiencia y productividad de la energía. La ecuación (19), que incluye los costes de capital del servicio energético en la formulación matemática del efecto rebote directo, muestra que dirección podría tomar el efecto rebote cuando se llevan a cabo políticas de eficiencia en determinados ámbitos o servicios energéticos, como por ejemplo, las subvenciones a electrodomésticos eficientes. Como muestra la ecuación, una parte del efecto rebote sería compensado en el caso que los nuevos electrodomésticos más eficientes fueran más caros, siempre y cuando los consumidores asumieran la totalidad del coste. Una política de subvenciones a los electrodomésticos eficientes que los haga más económicos que los actuales aparatos ineficientes podría, contrariamente, amplificar el efecto rebote. Esta es una medida que ha sido muy utilizada en países industrializados que tratan de reducir el consumo energético en los hogares. En España se han realizado diversos planes de mejora de la eficiencia que han subvencionado automóviles,[4] electrodomésticos, calderas, aparatos de aire acondicionado y ventanas, entre otros (IDAE, 2007; IDAE, 2010). En el último plan ya se ha considerado la

---

[4] Donde además del ahorro energético se han considerado aspectos relacionados con la seguridad vial.

posibilidad de la existencia de un efecto rebote, aunque no se ha definido ninguna medida adicional que pueda contrarrestarlo.

La consideración de todos estos aspectos conduce a una reformulación de la política energética. Se debe establecer un nuevo marco de política energética que considere tanto las medidas tradicionales como las medidas complementarias necesarias para ejercer un correcto control de efectos secundarios indeseados. Por eso es importante avanzar en la investigación teórica y empírica sobre el análisis y estimación del efecto rebote en todos los ámbitos que proporcione mejores argumentos a los decisores políticos, pero al mismo tiempo en el diseño e implementación de aquellos instrumentos económicos, legislativos y otros políticos que, tomando en consideración este fenómeno, permitan el logro de los objetivos deseados en materia de seguridad energética y ambiental.

En toda esta discusión hay que tener en cuenta que el efecto rebote no tiene que ser necesariamente un efecto adverso. Si el objetivo de la mejora de eficiencia energética es el de impulsar el crecimiento económico, el efecto rebote pasa a ser un resultado deseable. Éste deja de serlo cuando el objetivo de la política de eficiencia es el de reducir el consumo de energía, la contaminación o luchar contra el cambio climático, aunque no necesariamente las políticas de control del efecto rebote van en contra del crecimiento económico.

El presente capítulo está dedicado a los principales instrumentos económicos existentes y a propuestas para hacer frente al efecto rebote centrado en los hogares. Se estructura como se muestra a continuación: el apartado 2 muestra las políticas e instrumentos de diversa índole existentes para el control del efecto rebote en los hogares; el apartado 3 muestra los principales instrumentos económicos, así como un breve análisis de un posible impuesto que lo compensara.

6.2 Políticas de control del efecto rebote en los hogares

El efecto rebote no es más que la respuesta que tienen los agentes económicos ante una reducción del coste en la provisión de determinados servicios energéticos. Esta reducción del coste se debe a una mejora de la productividad en la provisión de los servicios. Por lo tanto, buena parte de las políticas para controlar el efecto rebote deben ir orientadas a modificar los comportamientos que tienen los agentes económicos ante una mejora de la eficiencia.

El primer paso para hacerle frente consistiría en el reconocimiento de su existencia y de la necesidad de su consideración al definir los objetivos de política energética a alcanzar por una determinada política de eficiencia energética. En los últimos años se han realizando pasos en esta dirección a nivel europea, como lo muestra la aceptación e interés por parte de organismos oficiales como la Comisión Europea (Maxwell *et al.* 2011) y la Agencia Ambiental Europea (EEA, 2010; EEA, 2013), y en España, su mención en el Plan de acción de Ahorro y eficiencia energética 2011-2020 (IDAE, 2010), elaborado por el Gobierno de España. En el anterior plan no se mencionaba su posible existencia (IDAE, 2007). De todos modos, no incorpora posibles efectos rebote cuando se realizan cálculos de los ahorros producidos por planes anteriores.

El caso de las políticas energéticas relacionadas con el aislamiento de los hogares del *Department of Energy and Climate Change* (DECC) del Gobierno del Reino Unido es el único ejemplo conocido de cómo incorporar el posible efecto rebote directo en los efectos previstos de una ley. En ésta, el gobierno del Reino Unido incluye un 15% de reducción en los ahorros energéticos esperados de las medidas de aislamiento en los hogares para contabilizar el efecto rebote directo. Adicionalmente, el DECC elaboró una guía (DECC, 2010) y una hoja de cálculo para contabilizar el efecto rebote en las políticas de reducción del consumo energético.

Por otra parte, hay que establecer definiciones y evaluaciones consistentes de los efectos rebote y empezar a incorporarlas en todos los ámbitos relevantes, como son los hogares o las empresas, así como para todos los servicios energéticos en estos ámbitos. El no cumplimiento de los objetivos en materia de eficiencia energética detectado por los decisores políticos está muy a menudo asociado a la existencia del efecto rebote directo. El efecto rebote indirecto y los efectos sobre toda la economía no acostumbran a ser detectados en estos análisis, pero como se ha mostrado, podrían reducir todavía más la efectividad de las políticas.

La incorporación del análisis del ciclo de vida en la evaluación de la política ambiental proporcionaría una visión más precisa de fenómenos como el efecto rebote, así como la posibilidad de actuar en consecuencia. Como se ha mostrado en capítulos anteriores, diferentes patrones de consumo conllevan diferentes contenidos energéticos, no siempre evidentes.

Aunque hay cierta escasez de literatura sobre medidas concretas para contrarrestar el efecto rebote, se pueden establecer, principalmente, tres grandes categorías (Ouyang *et al.*, 2010; Ehrhardt-Martínez y Laitner, 2010; Maxwell *et al.*, 2011). En primer lugar habría aquellas destinadas a modificar los comportamientos de los consumidores a través de información y concienciación. En segundo lugar hay los instrumentos normativos y, en tercer lugar, los instrumentos económicos y aquellos relacionados con la fiscalidad de la energía.

6.2.1. Sensibilización, información y comportamiento del consumidor

Con el fin de contrarrestar el efecto rebote es necesario entender la psicología del consumidor para contabilizar de correctamente los patrones de consumo (DEFRA, 2007; UNEP, 2010; EEA, 2010). Hay diversas vías de sensibilizar al consumidor, orientando sus preferencias hacia consumos ambientalmente más deseables. Una de las más utilizadas por parte de los gobiernos para modificar los comportamientos y patrones de consumo han sido las campañas publicitarias. Estas pueden englobarse en lo que se ha denominado *People-Oriented initiatives* (Ehrhardt-Martinez y Laitner, 2008; Ehrhardt-Martinez y Laitner, 2010; Lutzenhiser, 2009; Meier 2009).

Otra medida para motivar a reducir el consumo de energía en los hogares consiste en proporcionar mayor información sobre el consumo energético y su coste real, así como sus variaciones al emprender determinadas acciones de ahorro (Dimitropoulos, 2009). En este sentido, Darby (2006) muestra cómo los contadores inteligentes pueden influenciar en este comportamiento y reducir el consumo energético. Wright *et al.* (2000) muestran como un mayor *feedback* en las facturas energéticas, que conlleve un mayor conocimiento del consumo y del coste energético de las acciones llevadas a cabo, puede producir ahorros de hasta el 10% en el consumo eléctrico para calefacción en climas fríos. Históricamente, sin embargo, la mayor parte de las campañas han ido destinadas a la adquisición de electrodomésticos más eficientes o al ahorro de energía. Como se ha mostrado, estas medidas no serían necesariamente efectivas por sí solas.

Las medidas voluntarias presentan ciertas limitaciones. En este contexto, tienen sentido argumentos como la "Tiranía de las pequeñas decisiones" (Odum, 1982), relacionado con el resultado de muchas pequeñas decisiones, a menudo irracionales, que acaban resultando en resultados inesperados y/o indeseables o la "Paradoja del aislamiento" (Sen, 1961), que afirma que, por más que se haya instalado un comportamiento socialmente altruista, siempre habrá alguien que no lo será, por lo que se mantendrán las replicas individualistas a lo largo del tiempo.

Hay que considerar otras dificultades adicionales al implantar medidas de eficiencia energética, como la "Paradoja de la eficiencia energética", que establece que a pesar de las ventajas económicas y ambientales que suponen las medidas de eficiencia energética, no siempre se llevan a cabo. Linares y Labandeira (2010) reconocen que las causas de esta paradoja no están claras, y por lo tanto, tampoco lo están las políticas que se deberían llevar a cabo. Muestran cómo las posibles causas estarían, por un lado en los fallos del mercado, y por otro en la falta de consideración de los aspectos relacionados con el comportamiento humano y social. En resumen, estos autores citan las siguientes causas:

- Precios bajos de la energía: en este contexto, las inversiones en medidas de ahorro y eficiencia no son rentables. El problema es que los precios no suelen recoger los costes externos, tampoco cuando están regulados (y a menudo están subvencionados), manteniéndose artificialmente bajos.
- Costes de inversión más elevados de lo esperado: en algunos casos se ha observado que los costes resultan más elevados de lo que se esperaba. Además, también hay costes "ocultos" (menor nivel o calidad del servicio energético).
- Incertidumbre e irreversibilidad de las inversiones: a menudo las inversiones en eficiencia energética resultan difíciles de recuperar si finalmente resultan innecesarias o no rentables. La incertidumbre de los precios energéticos aún dificulta más la toma de decisiones de inversión (Metcalf, 1994).

- Errores de información, que incluye información asimétrica, imperfecta o miope.
- Racionalidad limitada. Incluso con la mejor información disponible, los consumidores no pueden (o no están interesados) en realizar todos los cálculos necesarios para una correcta toma de decisiones.
- Lentitud de la difusión tecnológica: Jaffe y Stavins (1994) muestran cómo los procesos de difusión tecnológica son lentos y es debido en parte a la incertidumbre y la heterogeneidad de los consumidores.
- Problema del agente-principal: este problema sucede cuando el agente que paga la inversión no recibe los beneficios derivados. Por ejemplo, para las inversiones en aislamientos térmicos en los hogares, esto ocurre cuando el inversor (propietario) no es el mismo que el que paga la factura de la electricidad (inquilino). Murtishaw y Sathaye (2006) encontraron que este factor afectaba alrededor de un tercio de la demanda residencial de energía en los EEUU.
- Imperfecciones de los mercados de capital: en determinados casos, y particularmente para algunos segmentos de población, hay cierta dificultad de acceso a una adecuada financiación de este tipo de medidas.
- Heterogeneidad de los consumidores: algunas medidas, que para determinados consumidores pueden resultar rentables, no lo son para otros, si no hacen el mismo uso (Hausman, 1979).
- Divergencia entre las tasas sociales de descuento y las privadas. Este hecho también ocurre con otro tipo de inversiones, y haría que, aunque socialmente las medidas fueran muy beneficiosas, no lo fueran a nivel privado.

6.2.2. Instrumentos normativos

Conjuntamente con la concienciación, es importante que las administraciones públicas y las empresas proporcionen información adecuada y fidedigna, para que los consumidores dispongan de los suficientes elementos para una toma de decisiones racional. En este sentido, hay que desarrollar una normativa que persiga este objetivo. La normativa tendría que ser orientada, por una parte, a mejorar la información a los consumidores y, por otra, a reducir las intensidades energéticas de los sectores económicos, básicamente mediante límites o prohibiciones a la utilización y consumo de recursos (Schneider, 2008) o las emisiones de contaminantes (Sorrell, 2007) o mediante el establecimiento de objetivos.

En cuanto a la información, y resultado de los desarrollos en relación a los efectos *re-spending* sobre los patrones de consumo de los hogares, sería importante que las administraciones públicas obligaran, a través de normativa específica, a realizar un análisis del ciclo de vida en términos de consumo de energía a los productores, y a etiquetar sus productos en consecuencia. Del mismo modo, sería importante conocer el destino de los productos financieros de ahorro e inversión, con información adicional sobre el consumo energético total de estos destinos, para una toma de decisiones conforme a la disposición de información de mayor calidad.

6.2.3. Instrumentos económicos

Los instrumentos económicos, y en particular los instrumentos de fiscalidad ambiental y de la energía, pueden jugar un papel clave en la modificación de comportamientos. A pesar de las dificultades prácticas de diseñar e implementar una fiscalidad que compense el efecto rebote, hay que desarrollarse un marco fiscal adecuado, que trate de minimizar el efecto rebote cuando se llevan a cabo políticas de eficiencia. Las dificultades surgen debido a que, como se ha mostrado, el efecto rebote varía entre tecnologías, sectores y grupos de renta y no siempre se dispone de estimaciones precisas en todos los ámbitos.

En esencia, el principal objetivo de los instrumentos de fiscalidad sería el de incidir en los costes de proveer el trabajo útil de los servicios energéticos. Del mismo modo, también se podría minimizar el efecto rebote a través de una política de precios de la energía en aquellos casos en que haya una situación de precios regulados. Dada su importancia para evitar el efecto rebote, el apartado 6.3 desarrolla con mayor profundidad estos instrumentos, con un breve análisis teórico de un impuesto que compensara el efecto rebote.

6.3 Los instrumentos económicos de control del efecto rebote

El efecto rebote se ha definido como un incremento del consumo energético ante a una mejora tecnológica que reduce el consumo de energía en la obtención de la misma cantidad de trabajo útil de un servicio energético. Este incremento del consumo se debe a la reducción implícita que supone para el usuario el coste del trabajo útil de un servicio energético. Es decir, se puede obtener la misma cantidad de trabajo útil a un menor coste, aunque el precio de la energía no varíe a corto plazo.

Hay que tener en cuenta que, en función de los objetivos políticos, no necesariamente hay que anular completamente el efecto rebote. Sí que debería contrarrestarse totalmente si se persiguiera un objetivo de minimización del consumo de energía y de las emisiones a la atmósfera. También podría considerarse un objetivo mixto de crecimiento económico con reducción de emisiones o de consumo energético. En todo caso habría que conocer y controlar el efecto rebote resultante.

6.3.1. Fiscalidad para contrarrestar el efecto rebote directo

Centrados en el efecto rebote directo, una imposición que lo contrarreste completamente sería aquella que compensaría la reducción de coste provocado por la mejora de eficiencia energética. Es decir, provocaría que el coste generalizado del trabajo útil se mantuviera constante. En términos formales y volviendo a los desarrollos de capítulos anteriores, a partir de la ecuación (8) se tiene que el precio del servicio energético P_S es igual al precio de la energía P_E entre la eficiencia energética ε:

$$P_S = P_E / \varepsilon \tag{8}$$

En este caso, la imposición debería ser tal que compensara el incremento de eficiencia. Es decir, que incrementara el precio del servicio energético. Por lo tanto, siendo t el impuesto, después de la mejora de eficiencia, se debería alcanzar el objetivo de:

$$P_S = (P_E + t)/\varepsilon' \qquad (81)$$

$$\varepsilon' \geq \varepsilon$$

Por otra parte, la ecuación (9) muestra el coste generalizado del trabajo útil como la suma de varios componentes. Este sería, a nivel teórico, el relevante para la toma de decisiones de un consumidor racional:

$$P_G = P_S + P_K + P_M + P_T \qquad (9)$$

donde P_G es el coste generalizado del trabajo útil, P_K son los costes de capital anualizados, P_M son los costes de mantenimiento y operativos, y P_T son los costes de tiempo. Este es el coste relevante, es decir, incorporando todos los costes que implica la provisión del servicio energético.

Aunque el resto de componentes se mantengan constantes, la mejora de eficiencia energética supone una reducción del coste del servicio energético y, por lo tanto, del coste generalizado del trabajo útil. Este es el coste a partir del cual los individuos incrementarían el consumo del propio servicio energético y/o verían incrementada su renta disponible. A partir de la ecuación (81):

$$t = \frac{P_E}{\varepsilon}\varepsilon' - P_E \qquad (82)$$

En términos de coste generalizado, a partir de la ecuación (9), la tributación que compensaría completamente el efecto rebote quedaría del siguiente modo:

$$t = \left(\frac{\varepsilon'}{\varepsilon} - 1\right)P_E \qquad (83)$$

De este modo, ante una mejora de la eficiencia, la imposición se incrementaría en función de la proporción que supone el nuevo nivel de eficiencia energética en relación al anterior. Desde el punto de vista del efecto rebote directo, la imposición que se ha desarrollado lo compensaría totalmente, provocando una efectividad máxima de las mejoras de eficiencia energética.

Por otro lado, hay que tener en cuenta que este impuesto es de naturaleza diferente y podría no coincidir, siendo menor o mayor, que un impuesto óptimo pigouviano (Pigou, 1920), definido a partir de las externalidades ocasionadas por el consumo de energía.

6.3.2. Consideraciones sobre fiscalidad para contrarrestar el efecto rebote indirecto

Un desarrollo, como el que se ha mostrado en el apartado anterior no tiene en cuenta determinados aspectos indirectos mostrados en este libro. Los razonamientos teóricos sobre la fiscalidad para el efecto rebote directo serían ciertos considerando sólo la perspectiva del consumidor final (los hogares) y los aspectos directos del efecto rebote. Aunque no se tengan en cuenta los efectos sobre toda la economía (en términos de *economy-wide effects*), se puede ofrecer una visión más amplia de la cuestión y observar qué sucedería con los efectos indirectos.

Volviendo al modelo desarrollado para captar los efectos *re-spending* del efecto rebote indirecto, el nuevo equilibrio presupuestario se puede expresar como:

$$\sum_{i=1}^{n}\left(x_i\, p_i\right)' = y - \left(x_E p_E\right)' - s \qquad (84)$$

El objetivo de la imposición, para que no varíen los patrones de consumo de los agentes, es conseguir que el gasto monetario en energía tras la mejora de eficiencia sea el mismo que el gasto anterior a la mejora, de modo que se reduzca la cantidad de energía consumida. Por lo tanto:

$$\left(x_E p_E\right)' = x_E'\left(p_E + t\right) \qquad (85)$$

Introduciendo este impuesto en el precio de la energía, la ecuación (74) quedaría como:

$$\sum_{i=1}^{n}\left(x_i\, p_i\right) = y - x_E\left(p_E + t\right) - s \qquad (86)$$

De este modo se evitaría un efecto *re-spending*, ya que la disminución del gasto que sobre el sector energético se vería compensada por un impuesto sobre la energía, que haría que los patrones de consumo no se modificaran y, por lo tanto, no se produjeran efectos indirectos. Sin embargo, a continuación se analiza un posible y adicional efecto *re-spending* del gasto público que tendría lugar a partir de los ingresos obtenidos por la propia recaudación del impuesto.

6.3.3. El efecto *re-spending* del gasto público

Un aspecto clave en la introducción de un impuesto para evitar o minimizar el efecto rebote sería el modo en que se administra la recaudación proveniente del mismo. Un impuesto provocaría varios efectos a tener en cuenta: distorsiones en la economía, un nuevo efecto *re-spending* producido por el gasto público y una posible transferencia de renta de los hogares hacia el sector público, así como otros efectos redistributivos.

El nuevo gasto (o ahorro) del sector público derivado de la recaudación, generaría, del mismo modo que sucede en hogares y empresas, un efecto *re-spending* que podría acabar generando un efecto rebote indirecto mayor o menor que el efecto *re-spending* de la demanda final. Este hecho constata la imposibilidad de evitar completamente el efecto rebote con este tipo de medidas, ya que, aunque hubiera información perfecta y el Estado destinara de manera intencionada toda la recaudación del impuesto al sector con un menor coeficiente de arrastre en términos de análisis input-output, se produciría cierto efecto rebote.

Para minimizarlo, se podría analizar la posibilidad de que se configurara el impuesto como finalista, cuya recaudación se destinaría a subvencionar aquellos sectores o empresas con un menor coeficiente de arrastre en términos de consumo de energía. De todos modos hay que tener cuidado cuando se implementa una medida de este tipo, ya que podría provocar otros impactos ambientales, modificar la fuente energética utilizada, etc. Estos y muchos otros factores deberían ser considerados en mayor profundidad antes de la implementación de este tipo de medidas. También se podría instrumentalizar como un sistema dinámico que incentivara a los sectores productivos a reducir sus intensidades energéticas. En este caso se podría generar un incentivo continuo a la mejora de las intensidades energéticas a través de las compras que realizan las empresas en bienes y servicios intermedios.

A pesar de la idoneidad teórica de un sistema como este en términos de minimización del efecto rebote y consumo energético global, este presentaría problemas en términos redistributivos, ya que podría suponer una transferencia neta de renta desde los hogares hacia las empresas. Para tener en cuenta y evitar este aspecto en la medida de lo posible, esta medida debería ir acompañada de cambios en la imposición directa de los hogares, así como cambios en la fiscalidad de las empresas, como por ejemplo modificaciones del impuesto sobre la renta y del impuesto de sociedades. Por otra parte, los impuestos crean otro tipo de distorsiones, con lo que resulta muy difícil diseñar un impuesto que de modo efectivo contrarreste la reducción del coste del servicio energético que supone una mejora de la eficiencia energética en un ámbito concreto. En todo caso, el modo de mitigar el efecto rebote y los instrumentos más adecuados para hacerlo, incluyendo los instrumentos fiscales, constituye toda una línea de investigación en la que aún queda mucho por explorar.

Referencias bibliográficas

Al-Ali, H. M. (1979). *Input-output analysis of energy requirements: an application to the Scottish economy in 1973*. Energy Economics 1, 211-218.

Albino, V., Dietzenbacher, E. y S. Kühtz (2003). *Analyzing materials and energy flows in an industrial district using an enterprise Input-output model*. Economic System Research 15, 457-480.

Alcántara, V. (1995). Economía y contaminación atmosférica: hacia un nuevo enfoque desde el anàlisis Input-output. Tesi Doctoral. Universitat de Barcelona.

Alcántara, V. y E. Padilla (2003). *"Key" sectors in final energy consumption: an input–output application to the Spanish case*. Energy Policy 31, 1673-1678.

Alcántara, V. y J. Roca (1995). *Energy and CO2 emissions in Spain. Methodology of analysis and some results for 1980-90*, Energy Economics 17(3), 221-230.

Alfredsson, E. C. (2004). *'Green' consumption - no solution for climate change*. Energy 29, 513-24.

Allan, G., N. Hanley, P. G. McGregor, J. Kim Swales y K. Turner (2006). *The macroeconomic rebound effect and the UK economy*. Final report to the Department Of Environment Food and Rural Affairs, Department Economics, University of Strathclyde, Strathclyde.

Angel Economic Reports and Applied Econometrics (1984). *Survey of Conditional Energy Demand Models for Estimating Residential Unit Energy Consumption Coefficients*. EPRI EA-3410. Electric Power Research Institute, Palo Alto, CA.

Antal, M. y van den Bergh (2014). *Re-spending rebound: A macro-level assessment for OECD countries and emerging economies*. Energy Policy 68, 585-590.

Arrow, K. J. y G. Debreu (1954). *Existence of an equilibrium for a competitive economy*. Econometrica 22, 265-290.

Ayres, R.U. y A.V. Kneese (1969). *Pollution, Consumption, and Externalities*. American Economic Review 59, 282–296.

Barker, T., P. Ekins y T. Foxon, (2007). *Macroeconomic effects of efficiency policies for energyintensive industries: the case of the UK Climate Change Agreements, 2000-2010*. Energy Economics 29(5), 760-78.

Barker, T. y T. Foxon, (2006). *The macroeconomic rebound effect and the UK economy*. Report to the Department of the Environment, food and Rural Affairs, 4CMR, Cambridge.

Becker, G. S. (1965). *A theory of the allocation of time*. The Economic Journal, LXXV (299), 493–517.

Berkhout, P. H., Muskens, J. C. y J. W. Velthuijsen (2000). *Defining the rebound effect*. Energy Policy 28, 425–432.

Berry, S. R., Salmon, P. y G. Heal (1978). *On a relation between economic and thermodynamic optima*. Resources and energy 1, 123-137.

Besen, S. M. y L. Johnson (1982). *Comment on economic implications of mandated efficiency standards for household appliances*. Energy Journal 3(1), 110–116.

Bezdek, R. y B. Hannon (1974). *Energy, manpower, and highway trust fund*. Science 185(4152), 669-675.

Binswanger, M. (2001). *Technological progress and sustainable development: what about the rebound effect?* Ecological Economics 36 (1), 119–132.

Blair, P. (1979). "Multiobjective regional energy planning". Boston MA: Martinus Nijhoff.

Blair, P. (1980). *Hierarchies and priorities in regional energy planning*. Regional Science and Urban Economics 1387-405.

Blair, P. y A. Wyckoff (1989). *The changing structure of the U.S. economy: an Input-output analysis*, en: Miller, R. E., Polenske, K. R. y A. Z. Rose (eds.), "Frontiers of Input-output analysis". Oxford University Press, New York, pp. 293-307.

Blair, R. D., D. L. Kaserman y R. C. Tepel (1984). *The impact of improved mileage on gasoline consumption*. Economic Inquiry, XXII, 209–17.

Boardman, B. y G. Milne (2000). *Making cold homes warmer: the effect of energy efficiency improvements in low-income homes*, Energy Policy 218 (6-7), 411-24.

Bourque, P. (1981). *Embodied energy trade balances among regions*. International Regional Science Review 6, 121-136.

Brännlund, R., Ghalwash, T., y J. Nordström (2007). *Increased Energy Intensity and the Rebound Effect: Effects on Consumption and Emissions.* Energy Economics 29(1), 1-17.

Brookes, L. G. (1978). *Energy policy, the energy price fallacy and the role of nuclear energy in the U.K.* Energy Policy 6, 94–106.

Brookes, L. G. (1979). *A Low Energy Strategy for the UK,* per G. Leach et al.: *a Review and Reply.* Atom 269, 3–8.

Brookes, L. G. (1990). *The greenhouse effect: the fallacies in the energy efficiency solution.* Energy Policy 18(2), 199–201.

Brookes, L. G. (1992). *Energy efficiency and economic fallacies - a reply.* Energy Policy 20(5), 390–92.

Brookes, L. G., (1993). *Energy efficiency fallacies – the debate concluded.* Energy Policy 21(4), 346–47.

Brookes, L. G. (2000). Energy efficiency fallacies revisited. Energy Policy 28(6–7), 355–66.

Bullard, C. W. y R. A. Herendeen (1975). *The energy cost of goods and services.* Energy Policy 3(4), 268–278.

Carlsson-Kanyama, A., Engstrom, R. y R. Kok (2005). *Indirect and direct energy requirements of city households in Sweden.* Journal of Industrial Ecology 9(1-2), 221–236.

Casals, X. G. (2006). *Analysis of building energy regulation and certification in Europe: their role, limitations and differences.* Energy and Buildings 38, 381-92.

Casler, S. (2001). *Interaction terms and structural decomposition: an application to the defense cost of oil,* en: Michael, L. L. y E. Dietzenbacher (eds.), Input-output analysis: frontiers and extensions, New York, pp. 143-160.

Casler, S. y B. Hannon (1989). *Readjustment potentials in industrial energy efficiency and structure.* Journal of Environmental Economics and Management 17, 93-108.

Casler, S. y S. Wilbur (1984). *Energy input-output analysis, a simple guide.* Resources and Energy 6, 187-201.

Chakravarty, D., Dasgupta, S. y J. Roy (2013). *Rebound effect: how much to worry?* Current Opinion in Environmental Sustainability 5(2), 216-228.

Chalkley, A. M., Billett, E. y D. Harrison (2001). *An investigation of the possible extent of the Re-spending Rebound Effect in the sphere of consumer products.* The Journal of Sustainable Product Design 1(3), 163-170.

Chapman, P. (1974). *Energy costs: a review of methods.* Energy Policy 2 (2), 91–103.

Chapman, P., Leach, G y M. Slesser (1974). *The energy cost of fuels.* Energy Policy 2(3), 231-243.

Chen, C. Y. y A. Rose (1990). *A structural decomposition analysis of changes in energy demand in Taiwan: 1971-1984.* Energy Journal 11(1), 127-146.

Chen, C. Y. y R. H. Wu (1994). *Sources of changes in industrial electricity use in the Taiwan economy, 1976-86.* Energy Economics 16(2), 115-120.

Chitnis, M., Sorrell, S., Druckman, A., Firth, S.K. and T. Jackson (2013). *Turning lights into flights: estimating direct and indirect rebound effects for UK households.* Energy Policy 55, 234–250.

Christensen, L. R., Jorgenson, D. W. y L. J. Lau (1975). *Transcendental Logarithmic Utility Functions.* American Economic Review 65, 367-83.

Cohen, C., Lenzen, M. y R. Schaeffer (2005). *Energy requirements of households in Brazil.* Energy Policy 33, 555–562.

Costanza, R. (1980). *Embodied energy and economic evaluation.* Science 210(4475), 1219-1224.

Costanza, R. y R. A. Herendeen (1984). *Embodied energy and economic value in the United States economy: 1963, 1967 and 1972.* Resources and Energy 6, 129-163.

CSIRO (2005). A triple bottom line analysis of the australian economy, Volume 1. Commonwealth of Australia.

Cuijpers, C. (1995). *A joint model of household space heat production and consumption: empirical evidence from a Belgian micro-data survey*, EN: *the Twenty-First Century: Harmonizing Energy Policy, Environment and Sustainable Economic Growth*, Proceedings of 18th IAEE International Conference. Washington DC, July 5–8.

Cuijpers, C. (1996). *An empirical investigation into the economics of house heating.* Public Economics Research, Paper Number 50., Centrum Voor Economische Studien, Leuven, Belgium.

Cumberland, J.H. (1966). *A regional Interindustry model for analysis of development objectives.* Papers of the regional science association, 17, 65-94.

Dahl, C. (1993). *A survey of energy demand elasticities in support of the development of the NEMS.* Preparat pel US Department of Energy, Contract No. De–AP01–93EI23499, Department of Mineral Economics, Colorado School of Mines, Colorado.

Daly, H. (1968). *On Economics As a Life Science.* Journal of Political Economy 76, 392–406.

Darby, S. (2006). *The effectiveness of feedback on energy consumption. A Review of Defra of the literature on metering, billing and direct displays.* University of Oxford.

Deaton, A. y J. Muellbauer (1980). *An Almost Ideal Demand System.* The American Economic Review 70 (3), 312-326.

Dargay, J. M. (1992). *Are price & income elasticities of demand constant? The UK experience.* Oxford Institute for Energy Studies, Oxford, U.K.

Dargay, J. M. y D. Gately (1994). *Oil demand in the industrialised countries.* Energy Journal, 15 (Special Issue) 39–67.

Dargay, J. M. y D. Gately (1995). *The imperfect price irreversibility of non-transportation of all demand in the OECD.* Energy Economics 17 (1), 59–71.

Davis, L. W. (2007). *Durable goods and residential demand for energy and water: evidence from a field trial,* Working Paper, Department of Economics, University of Michigan.

DECC (2010). *Valuation of energy use and greenhouse gas emissions for appraisal and evaluation.* Department of Energy and Climate Change. UK Government.

DEFRA (2007). *Consultation document: energy, cost and carbon savings for the draft EEC 2008 - 11 illustrative mix*, Department of Environment, Food and Rural Affairs, London.

Denton, R. V. (1975). *The energy cost of goods and services in the Federal Republic of Germany.* Energy Policy 3(4), 279-284.

Departament de Treball i Indústria (2006). *Pla de l'Energia de Catalunya 2006-2015.* Generalitat de Catalunya.

Department of Trade and Industry (2007). *Energy consumption in the United Kingdom*, Department of Trade and Industry, London.

Dietzenbacher, E. y J. Sage (2006). *Mixing oil and water? Using Hybrid Input-output tables in a structural decomposition analysis.* Economic systems research 18, 85-95.

Dimitropoulos, J. y S. Sorrell (2006). *The Rebound effect: Microeconomic Definitions, Extensions and Limitations.* Proceedings of the 29th IAEE International Conference, Potsdam, Germany.

Dimitropoulos, J. (2007). *Energy productivity improvements and the rebound effect: An overview of the state of knowledge.* Energy Policy 35(12), 6354-6363.

Dimitropoulos, J. (2009). *Energy Consumption, Behaviour Change and the Rebound Effect.* Behaviour change for a more sustainable London. London Sustainability Exchange. September 10, 2009.

Dinan, T.M. (1987). *An Analysis of the Impact of Residential Retrofit on Indoor Temperature Choice.* Oak Ridge National Laboratory, Oak Ridge.

Douthitt, R. A. (1989). *An economic analysis of the demand for residential space heating fuel in Canada.* Energy 14 (4), 187–97.

Druckman, A., Chitnis, M., Sorrell, S. y T. Jackson (2010). *An investigation into the rebound and backfire effects from abatement actions by UK households.* Working Paper Series 05-10, University of Surrey.

Referencias bibliográficas

Dubin, J. A., Miedema, A. K. y R. V. Chandran (1986). *Price effects of energy-efficient technologies: a study of residential demand for heating and cooling.* Rand Journal of Economics 17(3), 310–325.

Dufournaud, C.M., Quinn, J.T. y J.J Harrington (1994). *An applied general equilibrium (AGE) analysis of a policy designed to reduce the household consumption of wood in the Sudan.* Resource and Energy Economics 16, 69-90.

EEA (2010). "The European environment - state and outlook 2010: consumption and the environment". European Environment Agency, Copenhagen, November 2010.

EEA (2013). Achieving energy efficiency through behaviour change: what does it take? EEA Technical report No 5/2013. Copenhagen, 2013.

Ehrhardt-Martinez, K., y J. A. "Skip" Laitner (2008). *The Size of the U.S. Energy Efficiency Market: Generating a More Complete Picture.* Washington, DC: American Council for a More Energy-Efficient Economy.

Ehrhardt-Martinez, K. y J. A. "Skip" Laitner (2010). *Rebound, Technology and People: Mitigating the Rebound Effect with Energy-Resource Management and People-Centered Initiatives.* 2010 ACEEE Summer Study on Energy Efficiency in Buildings.

Einhorn, M. (1982). *Economic implications of mandated efficiency standards for household appliances: an extension.* Energy Journal 3(1), 103–109.

Espey, M. (1998). *Gasoline demand revisited: an international meta-analysis of elasticities.* Energy Economics 20, 273–95.

Eto, J., Kito, S., Shown, L. y R Sonnenblick (1995). *Where did the money go? The cost and performance of the largest commercial sector DSM programs.* LBNL-38201, Lawrence Berkeley National Laboratory, Berkeley, CA.

Eto, J., Vine, E., Shown, L., Sonnenblick, R. y C. Payne (1994). *The cost and performance of utility lighting programs.* LBNL-34967, Lawrence Berkeley National Laboratory, Berkeley, CA.

Feist, W. (1996). Life-cycle energy balances compared: low energy house, passive house, selfsufficient house. Proceedings of the International Symposium of CIB W67, Vienna, Austria.

Folk, H. y B. Hannon (1973). *An energy, pollution, and employment policy model.* EN: "Energy: Demand, Conservation, and Institutional Problems". Cambridge, MA, USA, Massachusetts Institute of Technology.

Fouquet, R. y P. Pearson (2006). *Seven centuries of energy service: the price and use of light in the United Kingdom (1300–2000).* The Energy Journal 27(1), 139–176.

Freire-González, J. (2010). *Empirical evidence of direct rebound effect in Catalonia.* Energy Policy 38 (5), 2309–2314.

Freire-González, J. (2011). *Methods to empirically estimate direct and indirect rebound effect of energy-saving technological changes in households.* Ecological Modelling 223 (1), 32-40.

Frondel, M. (2004). *Empirical assessment of energy price policies: the case for cross price elasticities.* Energy Policy 32, 989-1000.

Frondel, M., J. Peters y C. Vance (2007). *Identifying the rebound: issues and empirical evidence from a German household panel.* RWI Discussion Papers No. 57 Essen.

Frondel, M. y C. M. Schmidt (2005). *Evaluating Environmental Programs: The Perspective of Modern Evaluation Research.* Ecological Economics 55(4), 515-26.

Gately, D. (1990). *The US demand for highway travel and motor fuel.* Energy Journal 11, 59–73.

Gately, D. (1992). *Imperfect price reversed ability of US gasoline demand: asymmetric responses to price increases and declines.* Energy Journal 13 (4), 179–207.

Gately, D. (1993). *The imperfect price reversibility of world oil demand*, Energy Journal 14 (4), 163–82.

Georgescu-Roegen, N. (1971). "The entropy law and the economic process". Cambridge, MA: Harvard University Press.

Giljum, S. y K. Hubacek (2004). *Alternative approaches of physical Input-output analysis to estimate primary material inputs of production and consumption activities.* Economic Systems Research 16, 301-310.

Gilliland, M. W. (1975). *Energy Analysis and Public Policy.* Science 189, 1051-1056.

Glomsrød, S. y W. Taojuan (2005). *Coal cleaning: a viable strategy for reduced carbon emissions and improved environment in China?* Energy Policy 33, 525-542.

Gowdy, J. M. y J. L. Miller (1987). *Technological and demand change in energy use: an input-output analysis.* Environment and Planning 19(10), 1387-1398.

Greene, D.L. (1992). *Vehicle use and fuel economy: how big is the rebound effect?* Energy Journal 13, 117–143.

Greene, D.L., Kahn, J. y R. C. Gibson (1998). *Estimating the rebound effect for household vehicles in the U.S.* Oak Ridge National Laboratory, Oak Ridge, TN.

Greene, D.L., Kahn, J. y R. C. Gibson (1999a). *An Econometric Analysis of the Elasticity of Vehicle Travel with Respect to Fuel Cost per Mile using the RTEC Survey Data.* Oak Ridge National Laboratory, Oak Ridge, Tennessee.

Greene, D.L., Kahn, J.R. y R. C. Gibson (1999b). *Fuel economy rebound effect for US household vehicles.* Energy Journal 20(3), 1–31.

Greening, L. A. y D. L. Greene (1998). *Energy use, technical efficiency, and the rebound effect: a review of the literature.* Informe al U.S. Department of Energy. Hagler Bailly and Co., Denver.

Greening, L. A., Greene, D. L. y C. Difiglio (2000). *Energy efficiency and consumption - the rebound effect - a survey.* Energy Policy 28, 389–401.

Grepperud, S. y I. Rasmussen (2004). *A general equilibrium assessment of rebound effects.* Energy Economics 26(2), 261–282.

Griffin, J. (1976). *Energy Input-output modelling.* Palo Alto, CA: Electric Power Research Institute, November.

Grubb, M. J. (1995). *Asymmetrical price elasticities of energy demand,* a "Global warming and energy demand". T. Barker, P. Ekins y N. Johnstone eds, Routledge, London and New York.

Guertin, C., Kumbhakar, S., y A. Duraiappah (2003). *Determining Demand for Energy Services: Investigating income-driven behaviours*. International Institute for Sustainable Development.

Haas, R. y L. Schipper (1998). *Residential energy demand in OECD-countries and the role of irreversible efficiency improvements*. Energy Economics 20 (4), 421–42.

Han, X. y T. K. Lakshmanan (1994). *Structural changes and energy consumption in the Japanese economy 1975-85: an Input-output analysis*. The energy Journal 15, 165-188.

Hanley, N.D., McGregor, P.G., Swales, J.K. y K.R. Turner (2006). *The impact of a stimulus to energy efficiency on the economy and the environment: a regional computable general equilibrium analysis*. Renewable Energy 31, 161-171.

Hanly, M., Dargay, J. y P. Goodwin (2002). *Review of income and price elasticities in the demand for road traffic*. ESRC Transport Studies Unit, University College London.

Hannon, B. (1973). *An energy standard of value*. Annals of the American Academy for Political and Social Sciences 410, 139-153.

Hannon, B y F. Puleo (1974). "Transferring from urban cars to buses: the energy and employment impacts". CAC Document No. 98, Center for Advanced Computation, University of Illinois, Urbana, IL, USA.

Hannon, B., Stein, R. G., Segal, B. Z. y D. Serber (1978). *Energy and labor in the construction sector*. Science 202, 837-847.

Hartman, R. S. (1988). *Self-selection bias in the evaluation of voluntary energy conservation programs*. The Review of Economics and Statistics 70(3), 448–58.

Haughton, J. y S. Sarkar (1996). *Gasoline tax as a corrective tax: estimates for the United States, 1970-1991*. The Energy Journal 17(2), 103–126.

Hausman, J. A. (1979). *Individual Discount Rates and the Purchase and Utilization of Energy-Using Durables*. Bell Journal of Economics 10(1), 33–54.

Henly, J., Ruderman, H. y M.D. Levine (1988). *Energy savings resulting from the adoption of more efficient appliances: a follow-up*. Energy Journal 9(2), 163–170.

Henry, E. W. (1977). *An Input-output approach to cost-benefit analysis of energy conservation methods*. Economic and Social Review 9, 1-26.

Herendeen, R. (1974). *Affluence and energy demand*. Mechanical Engineering 96, 18-22.

Herendeen, R. (1978). *Total energy cost of household consumption in Norway, 1973*. Energy 3, 615-630.

Herendeen, R., Ford, C. y B. Hannon (1981). *Energy cost of living, 1972-1973*. Energy 6, 1433-1450.

Herendeen, R. y R. L. Plant (1981). *Energy analysis of four geothermal technologies*. Energy 6, 73-82.

Herendeen, R y A. Sebald (1975). *Energy, employment and dollar impacts of certain consumer options,* en: Williams, RH (ed.): "The Energy Conservation Papers". Ballinger Publishing Company, Cambridge MA, USA, 131-170.

Herendeen, R. y J. Tanak (1976). *The energy cost of living*. Energy 1(2), 165–78.

Herring, H. (1999). *Does energy efficiency save energy? The debate and its consequences*. Applied Energy 63, 209–226.

Herring, H. (2006). *Energy efficiency–a critical view*. Energy 31(1), 10–20.

Hertwich, E. (2005). *Lifecycle approaches to sustainable consumption: A critical review*. Environmental Science & Technology 39 (13), 4673-4684.

Hirst, E. (1987). *Changes in indoor after retrofit based on electricity billing and weather data*. Energy Systems Policy 10, 1–20.

Hogan, W. W. y D. W. Jorgenson (1991). *Productivity trends and the cost of reducing CO2 emissions*, The Energy Journal 12(1), 67-85.

Hong, S. H., Oreszczyn, T. y I. Ridley (2006). *The impact of energy efficient refurbishment on the space heating fuel consumption in English dwellings*. Energy and Buildings 38 (10), 1171–1181.

Hsueh, L. y L. J. Gerner (1993). *Effect of thermal improvements in housing on residential energy demand*, Journal of Consumer Affairs 27(1), 87-105.

IDAE (2007). "Plan de Acción 2008-2012 de la Estrategia de Ahorro y Eficiencia Energética en España". Ministerio de Industria, Turismo y Comercio. Gobierno de España.

IDAE (2010). "Plan de acción de ahorro y eficiencia energética 2011-2020". Ministerio de Industria, Turismo y Comercio. Gobierno de España.

IPCC (2007). *Climate Change 2007*. IPCC Fourth Assessment Report (AR4).

Isakson, H. R. (1983). *Residential space heating: an analysis of energy conservation*. Energy Economics 5, 49–57.

Isard, W. (1968). *On the linkage of socio-economic and ecologic system*. Papers of the Regional Science Association 21, 79-99.

Isard, W., Chogull, C.L. Kissin J., Seyfarth, R.R. Tatlock, R. Bassett, K.E. Furtado J.G. y R.M. Izumita (1972). "Ecologic Economic Analysis for Regional Development". London, Collier, Macmillan.

Jaffe, A.B. y Stavins, R.N. (1994). *The energy paradox and the diffusion of conservation technology*. Resource and Energy Economics 16, 91–122.

Jalas, M. (2002). *A time use perspective on the materials intensity of consumption*. Ecological Economics 41(1), 109–123.

James, D. E., Musgrove, A. R. D. y K. J. Stocks (1986). *Integration of an economic input-output model and a linear programming technological model for energy systems analysis*. Energy Economics (April), 99-112.

Jevons, W. S. (1865). "The Coal Question". London: Macmillan and Co.

Jones, C.T. (1993). *Another look at US passenger vehicle use and the rebound effect from improved fuel efficiency*. Energy Journal 14, 99–110.

Jorgenson, D. W. (1984). *The role of energy in productivity growth*. The Energy Journal 5(3).

Jorgenson, D. W. y B. Fraumeni (1981). *Relative prices and technical change*. EN: Berndt, E., Field, B.C. (Eds.), Modelling and Measuring Natural Resource Substitution. MIT Press, Cambridge, MA.

Jorgenson D. W. y L. J. Lau (1975). *The Structure of Consumer Preferences*. Annals of Economic and Social Measurement 4, 49-101.

Jorgenson, D. W. y K. J. Stiroh (2000). *U.S. economic growth at the indsutry level.* American Economic Review, papers and proceedings of the American Economic Association, 90, 161-167.

Junankar, S., Lofsnaes O. y P. Summerton (2007). *MDM-E3: a short technical description.* Working Paper, Cambridge Econometrics.

Juster, F. T. y F. P. Stafford (1991). *The allocation of time: empirical findings, behavioural models and problems of measurement.* Journal of Economic Literature 29(2), 471–522.

Kagawa, S. y H. Inamura (2004). *A structural decomposition of energy consumption based on a Hybrid rectangular Input-output framework: Japan's case.* Economic Systems Research 13, 339-363.

Kaufmann, R. K. y I. G. Azary-Lee (1990). *A biophysical analysis of substitution: does*

substitution save energy in the US forest products industry?, Ecological economics: its implications for forest management and research, Proceedings of a Workshop held in St Paul, Minnesota, April 2-6.

Khazzoom, J. D. (1980). *Economic Implications of Mandated Efficiency Standards for Household Appliances.* Energy Journal 1, 21–39.

Khazzoom, J. D. (1982). *Response to Besen and Johnson's comment on economic implications of mandated efficiency standards for household appliances.* Energy Journal 3(1), 117–124.

Khazzoom, J. D. (1986*). An Econometric Model Integrating Conservation in the Estimation of the Residential Demand for Electricity.* JAI Press, Greenwich, CT.

Khazzoom, J. D. (1987). *Energy savings from the adoption of more effcient appliances.* Energy Journal 8(4), 85–89.

Khazzoom, J. D. (1989). *Energy savings from more efficient appliances: a rejoinder.* Energy Journal 10(1), 157–165.

Khazzoom, J. D. y S. Miller (1982). *Economic implications of mandated efficiency standards for household appliances: response to Besen and Johnson's comments.* Energy Journal 3(1), 117–124.

Kok, R., R. M. J. Benders, y H. C. Moll (2006). *Measuring the environmental load of household consumption using some methods based on input–output energy analysis: A comparison of methods and a discussion of results.* Energy Policy 34(17), 2744–61.

Koopmans, C. (1997). *NEMO: CPB's energy model.* Den Haag, CPB Report 1997/2.

Kouris, G. (1982). *Elasticities - science or fiction?* Energy Economics 3(2), 66–70.

Kratena, K. y S. Schleicher (1999). *Impact of carbon dioxide emissions reduction on the Austrian economy.* Economic Systems Research 11, 245-261.

Leach, G., Lewis, C., Romig, F., van Buren, A. y G. Foley (1979). "A low-energy strategy for the United Kingdom". Science Reviews Ltd., Austria: International Institute for Environment and Development.

Lecca, P., McGregor, P.G., Swales, J.K. y K. Turner (2014). The added value from a general equilibrium analysis of increased efficiency in household energy use. Ecological Economics 100, 51–62

Lenzen, M. (1998). *Energy and greenhouse gas cost of living for Australia during 1993/94.* Energy 23(66), 497-516.

Lenzen, M., Pade, L. y J. Munksgaad (2004). *CO_2 multipliers in multi-region Input-output models.* Economic Systems Research 16, 391-412.

Leontief, W. (1936). *Quantitative Input-output relations in the economic system of the United States.* Review of economics and statistics 18:105-125.

Leontief, W. (1941). The Structure of American Economy 1919-1939, New York, Oxford.

Leontief, W. (1970). *Environmental Repercussions and the Economic Structure: An Input–Output Approach.* Review of Economics and Statistics 52, 262–271.

Leontief, W., Chenery, H. B., Clark, P. G., Dusenberry, J. S., Ferguson, A. R., Grosse, A. P. , Grosse, R. N., Holzman, M., Isard, W. y H. Kistin (1953). Studies in the Structure of the American Economy: Theoretical and Empirical Explorations in Input-output Analysis, New York, Oxford University Press.

Leontief, W. y D. Ford (1971). *Air Pollution and the Economic Structure: Empirical Results of Input–Output Calculations.* Fifth International Conference on Input–output Techniques, Geneva, Switzerland, North Holland Pub. Co.

Leung, P. S. y M. H. Vesenka (1987). *Forecasting a state-specific demand for highway fuels.* Energy Syst. Policy 10, 167–188.

Lin, X. y K. R. Polenske (1995). *Input-output anatomy of China's energy use changes in the 1980s.* Economic Systems Research 7(1), 67-84.

Linares, P. y X., Labandeira (2010). *Energy efficiency: economics and policy.* Journal of Economic Surveys 24 (3), 573–592.

Lovins, A. B. (1977). "Soft Energy Paths: Toward a durable peace". Penguin Books.

Lovins, A. B. (1998). *Further comments on Red Herrings.* Carta a the New Scientist, Nº 2.152, 18 September.

Lovins, A. B., J. Henly, H. Ruderman, y M. D. Levine, (1988). *Energy saving resulting from the adoption of more efficient appliances: another view; a follow-up.* The Energy Journal 9(2), 155.

Lutzenhiser, L. (2009). *Behavioral Assumptions Underlying California Residential Sector Energy Efficiency Programs.* Preparado para: CIEE Behavior and Energy Program. Oakland, CA: CIEE.

Mayo, J. W. y J. E. Mathis (1988). *The Effectiveness of Mandatory Fuel Efficiency Standards in Reducing the Demand for Gasoline.* Applied Economics 20 (2), 211–19.

Maxwell, D., Owen, P., McAndrew. L, Muehmel, K. y A., Neubauer (2011). *Addressing the Rebound Effect.* European Commission DG Environment.

Meier, A. (2009). *How one city cut its electricity use over 30% in six weeks.* Proceedings of the European Council for an Energy-Efficient Economy Summer Study.

Metcalf, G.E. (1994). Economics and rational conservation policy. Energy Policy 22, 819–825.

Miller, E. M. (1986). *Cross-sectional and time-series biases in factor demand studies: explaining energy-capital complementarity.* Southern Economic Journal 52(3), 745-62.

Miller, R.E y P.D. Blair (2009). "Input-output analysis: foundations and extensions", 2nd edition. Cambridge University Press, New York.

Murtishaw, S. y Sathaye, J. (2006). *Quantifying the effect of the principal–agent problem on US residential energy use.* LBNL-59773 Rev.

Nadel, S. M. (1993). *The takeback effect: fact or fiction?* Proceedings of the 1993 Energy Program Evaluation Conference, Chicago, Illinois, 556–566.

Nesbakken, R. (2001). *Energy consumption for space heating: a discrete-continuous approach.* Scandinavian Journal of Economics 103(1), 165-84.

Nishimura, K., Hondo, H. y Y. Uchiyama (1996). *Derivation of energy-embodiment functions to estimate the embodied energy from the material content.* Energy 21(12), 1247-1256.

Odum, W. (1982). *Environmental degradation and the tyranny of small decisions.* BioScience 32 (9), 728-729.

Ouyang J, Long, E. y Hokao, K. (2010). *Rebound effect in Chinese household energy efficiency and solution for mitigating it.* Energy 35 (12), 5269-5276.

Pachauri, S. (2004). *An analysis of cross-sectional variations in total household energy requirements in India using micro survey data.* Energy Policy 32 (15), 1723–1735.

Pajuelo, A. (1980). *Equilibrio general versus análisis parcial en el análisis input-output económico ambiental: una aplicación al análisis de la contaminación atmosférica en España.* Revista del Instituto de Estudios Económicos, 3.

Parti, M., y C. Parti (1980). *The total and appliance specific conditional demand for electricity in the household sector.* The Bell Journal of Economics, 11 (1), 309–21.

Patterson, M. G. (1996). *What is energy efficiency: concepts, indicators and methodological issues.* Energy Policy 24 (5), 377–90.

Peet, J. (1993). *Input-output methods of energy analysis.* International Journal of Global Energy Issues 5(1), 10-18.

Penner, P. S., Herendeen, R. A. y T. Milke (1979). *New hybrid 1971 energy intensities available.* Energy 4, 469-473.

Pick, H. J. y P. E. Becker (1975). *Direct and indirect uses of energy and materials in engineering and construction.* Applied Energy 1, 31-51.

Pigou, A. C. (1920). "The economics of welfare". Macmillan, London.

Pilati, D. A. (1976). *Energy analysis of electricity supply and energy conservation options*, Energy 2, 1-7.

Polimeni, J. M., Mayumi, K. y M. Giampietro (2008). The Jevons paradox and the myth of resource efficiency improvements. Earthscan, London.

Pollack, R. A. y M. L. Wachter (1975). *The relevance of the household production function and its implications for the allocation of time.* Journal of Political Economy 83 (2), 255–77.

Proops, J. L. R. (1984). *Modelling the energy-output ratio.* Energy Economics 6(1), 47-51.

Proops, J. L. R. (1988). *Energy intensities, input-output analysis and economic development*, en: "Input-Output Analysis: current developments", Ciascini.

Quigley, J. y D. Rubinfeld (1989). *Unobservables in consumer choice: residential energy and the demand for comfort.* Review of Economics and Statistics 70, 416–425.

Rasmussen, P. N. (1956). Studies in Intersectoral Relation. North Holland, Amsterdam.

Reinders, A. H. M. E., Vringer, K. y K. Blok (2003). *The direct and indirect energy requirements of households in the European Union.* Energy Policy 31, 139–153.

Richmond, A. K. y R. K. Kaufmann (2006). *Is there a turning point in the relationship between income and energy use and/or carbon emissions?* Ecological Economics 56(2), 176–89.

Rogers, D. W. O. (1980). *Energy resource requirements of a solar heating system.* Energy 5, 75-86.

Rose, A. y C. Y. Chen (1991). *Sources of change in energy use in the U.S. economy 1972-82.* Resources and Energy 13, 1-21.

Roy, J. (2000). *The rebound effect: some empirical evidence from India.* Energy Policy 28(6-7), 433-438.

Royal Commission on Environmental Pollution (2007). The Urban Environment, London.

Sanders, M. y M. Phillipson (2006). *Review of differences between measured and theoretical energy savings for insulation measures.* Centre for Research on Indoor Climate and Health, Glasgow Caledonian University, Glasgow.

Sanne, C. (2000). *Dealing with environmental savings in a dynamical economy – how to stop chasing your tail in the pursuit of sustainability.* Energy Policy 28, 487-495.

Sartori, I. y A. G. Hestnes (2007). *Energy use in the life-cycle of conventional and low-energy buildings: a review article.* Energy and Buildings 39, 249–57.

Saunders, H. (1992). *The Khazzoom-Brookes Postulate and Neoclassical Growth.* Energy Journal 13 (4), 131–148.

Saunders, H. D. (2007). *Fuel conserving (and using) production function.* Working Paper, Decision Processes Incorporated, Danville, CA.

Saunders, H. D. (2008). *Fuel conserving (and using) production function.* Energy Economics 30 (5), 2184–2235.

Sartori, I. y A. G. Hestnes (2007). *Energy use in the life-cycle of conventional and low-energy buildings: a review article.* Energy and Buildings 39, 249–57.

Schipper, L. y M. Grubb, (2000). *On the rebound? Feedback between energy intensities and energy uses in IEA countries.* Energy Policy 28(6-7), 367–88.

Schneider, F. (2008). *Macroscopic rebound effects as argument for economic de growth*, Ecological Sustainability and Social Equity, Paris.

Schwartz, P. M. y T. N. Taylor (1995). *Cold hands, warm hearth?: climate, net takeback, and household comfort.* Energy Journal 16(1), 41–54.

Semboja, H.H.H. (1994). *The effects of an increase in energy efficiency on the Kenyan economy.* Energy Policy, Març 1994, 217-225.

Sen, A.K. (1967). *Isolation, Assurance, and the Social Rate of Discount.* Quarterly Journal of Economics 81, 112-124.

Small, K. A. y K. Van Dender (2005). *A study to evaluate the effect of reduced greenhouse gas emissions on vehicle miles travelled.* Preparat per al State of California Air Resources Board, the California Environment Protection Agency and the California Energy Commission, Final Report ARB Contract Number 02–336, Department of Economics, University of California, Irvine.

Small, K. A. y K. Van Dender (2007). *Fuel efficiency and motor vehicle travel: the declining rebound effect.* The Energy Journal 28(1), 25–52.

Sorrell, S. (2007). "The rebound effect: an assessment of the evidence for economy-wide energy savings from improved energy efficiency". UK Energy Research Centre. October, 2007.

Sorrell, S. y J. Dimitropoulos (2007). *Review of Evidence for the Rebound Effect. Technical Report 2: Econometric Studies.* Working papers. UK Energy Research Centre. October 2007: REF UKERC/WP/TPA/2007/010.

Sorrell, S., Dimitropoulos, J. y M. Sommerville (2009). *Empirical estimates of the direct rebound effect: A review.* Energy Policy 37(4), 1356–1371.

Stern, D. I. (1997). *Limits to substitution in the irreversibility in production and consumption: a neoclassical interpretation of ecological economics.* Ecological Economics 21, 197-215.

Stern, D. I. (2000). *A multivariate cointegration analysis of the role of energy in the US macroeconomy.* Energy Economics, 22, 267-83.

Stern, D. I. (2004). *Elasticities of substitution and complementarity.* Working Paper a Economics, No. 0403, Rennsselaer Polytechnic Institute.

Strout, A. (1967). *Technological change and U.S. energy consumption.* Tesi doctoral, Univerity of Chicago.

Takase, K.Y., Kondo, K. y A. Washizu (2005). *An analysis of sustainable consumption by the waste input–output model.* Journal of Industrial Ecology 9 (1-2), 201–219.

Theil, H. (1965). *The Information Approach to Demand Analysis*. Econometrica 33, 67-87.

Thomas, B.A. y I. Azevedo (2013a). Estimating direct and indirect rebound effects for U.S. households with input–output analysis Part 1: Theoretical framework. Ecological Economics 86, 199–210.

Thomas, B.A. y I. Azevedo (2013b). Estimating direct and indirect rebound effects for U.S. households with input–output analysis. Part 2: Simulation. Ecological Economics 86, 188–198.

Train, K. E. (1994). *Estimation of net savings from energy-conservation programs*. Energy 19(4), 423-41.

UNEP (2010). "Assessing the Environmental Impacts of Consumption and Production: Priority Products and Materials", A Report of the Working Group on the Environmental Impacts of Products and Materials to the International Panel for Sustainable Resource Management. Hertwich, E., van der Voet, E., Suh, S., Tukker, A., Huijbregts M., Kazmierczyk, P., Lenzen, M., McNeely, J., Moriguchi, Y.

Victor, P.A. (1972). "Pollution: Economy and Environment". Oxford, George Allen and Unwin.

Vikstrom, P. (2004). *Energy efficiency and energy demand: a historical CGE investigation on the rebound effect in the Swedish economy 1957*, artículo presentado en: Input-Output and General Equilibrium Data, Modelling and Policy Analysis, Bruselas, 2-4h Setiembre de 2004.

Walker, I.O. y F. Wirl (1993). *Asymmetric energy demand due to endogenous efficiencies:* an empirical investigation of the transport sector. Energy Journal 14, 183–205.

Walras, L. (1954). "Elements of Pure Economics". Harvard University Press.

Wang, H. y H. Chuang (1987). *An Input-output model for energy policy evaluation*. Energy Systems and Policy 11, 21-38.

Washida, T. (2004). *Economy-wide model of rebound effect for environmental policy*, artículo presentado en: International Workshop on Sustainable Consumption, University of Leeds, 5-6 de març de 2004.

Webb, M. y D. Pearce (1975). *The economics of energy analysis.* Energy Policy 3(4), 318–31.

Weber, C. & U. Fahl (1993). *Energieverbrauch und Bedürfnisbefriedigung.* Energiewirtschaftliche Tagesfragen 43(9), 605-612.

Weber, C. y A. Perrels (2000). *Modelling lifestyle effects on energy demand and related emissions.* Energy Policy 28, 549-566.

Wei, T. (2006). *Impact of energy efficiency gains on output and energy use with Cobb–Douglas production function.* Energy Policy 35(4), 2023–2030.

Weinblatt, H. (1989). *The FHWA: Faucett VMT Forecasting Model.* Jack Faucett Associates, Bethesda, MA.

West, S. E. (2004). *Distributional effects of alternative vehicle pollution control policies.* Journal of Public Economics 88, 735–57.

Wier, M. (1998). *Sources of changes in emissions from energy: a structural decomposition analysis.* Economic Systems Research 10(2), 99-112.

Winther, B. N. y A. G. Hestnes (1999). *Solar versus Green: the analysis of a Norwegian row house.* Solar Energy 66(6), 387–93.

Wirl, F. (1997). "The economics of conservation programs", Kluwer, Dordrecht.

Wright, D. J. (1974) *Goods and services: an input-output analysis.* Energy Policy 2(4), 307-315.

Wright, D. J. (1975). *The natural resource requirements of commodities.* Applied Economics 7, 31-39.

Wright A. J., Formby J. R. y S. J. Holmes (2000). "A Review of the Energy Efficiency and Other Benefits of Advanced Utility Metering". EA Technology.

Zhang, Z. X. y H. Folmer (1998). *Economic modelling approaches to cost estimates for the control of carbon dioxide emissions.* Energy economics 20, 101-120.